DANIELA DE ⟨

QI GONG
I DICIOTTO ESERCIZI TAOISTI DELLA SALUTE
LIAN GONG SHI BA FA

La ginnastica energetica cinese
per il benessere di ossa e muscoli

Coordinamento editoriale: <u>Bodoni Undici</u>
Fotografie a cura di Sara Allevato

Tutte le informazioni contenute in questo libro non intendono suggerire in alcun modo una sostituzione delle cure mediche occidentali. La cura della salute è riservata ai professionisti della salute.

Agli insegnamenti dei Maestri
Alla pratica personale
Alla continua ricerca

Nota dell'autrice

Leggendo questo libro ti renderai conto che nella teoria della Medicina Cinese, gli organi e i visceri non hanno un riferimento puramente fisico come siamo abituati a intenderli alla maniera occidentale. A essi viene attribuita, oltre una struttura fisica, una valenza energetica ed emozionale, annoverando vari distretti anatomici sotto il loro dominio. Per questo motivo gli organi e i visceri, se citati in riferimento alla Medicina Cinese, li troverai scritti con la lettera maiuscola; si parlerà quindi di Rene, Fegato, Cuore e così via. Lo stesso varrà per altri elementi facenti parte di questa medicina energetica, come Qi, Jing, Sangue e così via, proprio per evidenziare le due visioni differenti tra il modo occidentale e quello della medicina taoista. In questo libro affronteremo la teoria della Medicina Cinese applicata agli ambiti di pertinenza del Qi Gong e ne affronteremo i temi che saranno utili per la comprensione e lo svolgimento degli esercizi. Conoscere le basi dell'energetica servirà a condurre con consapevolezza la sequenza di esercizi, la pratica servirà a dare corpo alle informazioni teoriche rendendole vive. Come avrai modo di leggere in questo libro, la complementarietà tra lo Yin e lo Yang sono aspetti inscindibili e presenti in ogni aspetto della vita.

Proprio per non creare fraintendimenti sul concetto di salute e di malattia che può ruotare intorno alla parola "Medicina", si esplicita che la lettura di questo libro e la pratica degli esercizi non sostituiscono in alcun modo il riferimento agli specialisti della salute della medicina moderna occidentale, alla quale è rimandata la diagnosi e la cura della persona. La Medicina Cinese ed il Qi Gong sono validi strumenti di sostegno per il benessere psicofisico della persona che si possono applicare con risultati positivi anche ad integrazione delle terapie ufficiali. Il grande valore della Medicina Cinese è soprattutto di carattere preventivo: nel libro primo del Hang ti nei ching su wen è scritto *"somministrare delle medicine per delle malattie che si sono ormai sviluppate e reprimere delle rivolte che sono ormai scoppiate è paragonabile al comportamento di coloro che iniziano a scavare il pozzo dopo che hanno avvertito la sete, o al comportamento di coloro che iniziano a fondere delle armi dopo che hanno già ingaggiato battaglia. Non sono forse, queste, azioni troppo tardive?"*

La via del Qi Gong è un invito all'ascolto e al prendersi cura di se stessi; riuscire a vivere in una condizione di equilibrio tra sé e il mondo circostante significa preservare e, possibilmente, ristabilire un armoniosa circolazione del Qi. Un Qi armonioso rende possibile lo svolgimento di una vita piena e ricca di soddisfazioni.

Prefazione

Da quando, nel 2015, ho iniziato a studiare Qi Gong mi è stato spesso chiesto perché lo praticassi. Le motivazioni all'apparenza sono tante, ma in realtà si sintetizzano tutte nel concetto di sentirmi bene con me stessa. Da quando ho iniziato, infatti, molte cose sono cambiate dentro di me, così come è cambiata la mia visione dell'ambiente che mi circonda. Me ne accorsi un giorno, come una rivelazione; eppure, è stata una trasformazione che ha richiesto del tempo per attecchire e radicarsi. Il Qi Gong del resto fa della lentezza una virtù, perché i movimenti si devono percepire e gustare, le sensazioni che proviamo mentre sciogliamo le articolazioni e rilassiamo i muscoli le dobbiamo vivere. Io, che di solito mi muovo veloce, sempre di corsa, durante la pratica rallento spontaneamente, immergendomi all'interno di me stessa, dove affanni e preoccupazioni scompaiono e tutto tace, come negli abissi marini. Una lezione che mi ha insegnato il Qi Gong è di non autogiudicarsi e non entrare in competizione con gli altri, perché quello che stiamo facendo ha come scopo la propria crescita personale; se distogliamo l'attenzione dal nostro vero obiettivo sprechiamo le nostre energie su questi aspetti che sono in realtà irrilevanti e, soprattutto, tossici, in quanto ci ostacolano e ci bloccano: noi non facciamo più Qi Gong, ma una semplice ginnastica. Tutto questo richiede una certa consapevolezza e voglia di mettersi alla prova, perché non è facile riuscire a non cadere negli schemi mentali che ci sono stati insegnati e che pensiamo che siano quelli corretti.

Dato che studiavo medicina e sono anche una persona abbastanza curiosa, decisi di approfondire le basi su cui si poggia il Qi Gong, ossia la Medicina Tradizionale Cinese. Un concetto che mi ha subito colpito della Medicina Tradizionale Cinese è la visione della salute, in quanto i cinesi già anticamente si erano resi conto che l'assenza di malattie fisiche non era sinonimo di salute; infatti, anche i disagi psicologici, portando una disarmonia, erano da trattare, perché spesso questi potevano col tempo ripercuotersi sul fisico e indebolirlo. In Occidente questa visione olistica della salute è arrivata molto più tardi. **Nel 1948 l'OMS definiva la salute come "stato di completo benessere fisico, mentale e sociale e non consiste soltanto nell'assenza di malattia o infermità (...)".** Da quel momento in poi si è assistito a una costante evoluzione nelle strategie per cercare di promuoverla. Indubbio è che la prima forma per promuovere la salute è la prevenzione, e in questo il QI Gong è un ottimo alleato! Infatti, questa disciplina sarebbe da praticare quando si è in salute allo scopo di non ammalarsi, ma anche chi è ammalato la può praticare come coadiuvante della terapia che sta facendo. Esistono una infinità di tecniche e spesso una stessa tecnica può avere numerose varianti, di conseguenza la scelta non manca, ma attenzione: non è necessario conoscere tante tecniche per praticare il Qi Gong, molti maestri ne conoscono una o massimo due.

Chi è un po' curioso si sarà chiesto del perché la sequenza si chiama "Diciotto esercizi taoisti della salute". Il taoismo è una branca filosofica, e successivamente una religione cinese, che ha fortemente influenzato la Medicina Tradizionale Cinese, più nello specifico il Qi Gong. I taoisti avevano come obiettivo quello di raggiungere l'immortalità e per questo si adoperarono in vari settori, dall'alchimia, alla numerologia, al bazi, alla medicina, apportando grandi innovazioni e preziose conoscenze. Non deve, quindi, sorprendere che si interessarono anche di Qi Gong in quanto ginnastica energetica volta al miglioramento della salute globale dell'individuo tramite la coltivazione del Qi, l'energia vitale. Del resto, come si può sperare di avere una lunga vita se non si è in salute?

Dottoressa Fiorella Evangelista

Introduzione

Mi ricordo ancora come fosse ieri lo stupore e la meraviglia. Avevo ventitré anni e su Rai tre mandarono in onda uno speciale sull'oriente. Una giovane donna cinese volteggiava, danzava con la spada e poi con la lancia, e dopo ancora i movimenti divenivano lenti, magici, misteriosi, potenti.

Mi sentii completamente assorbita da quegli antichi movimenti mai visti prima. Nei giorni seguenti continuavo a pensare a quella giovane donna dalla lunga treccia nera che aveva parlato poco e non troppo bene l'italiano, parlando del Tai Chi.

Tai chi, in questo modo si scriveva ancora, nel 2003, quello che oggi scriviamo **Taiji Quan** nella traslitterazione *pinyin*, per riprodurre il suono delle parole cinesi con alfabeto latino.

Iniziai a cercare ovunque, intorno alla mia zona, un luogo dove imparare quest'arte; vivevo in campagna e, oltre al canale dove veniva presa l'acqua per irrigare i campi, alle rane, agli alberi di eucaliptus, c'era ben poco, se non gli orti e qualche gallina. Cercai ovunque nei quartieri intorno, fino a quando riuscii a trovare una palestra di Kung Fu dove veniva insegnato anche il Taiji Quan. Avevo 23 anni quando mi iscrissi al corso, ero al mio primo anno di lavoro e chiedevo il permesso di staccare mezz'ora prima per poter arrivare in tempo a lezione. Per me era importante, era la prima volta in vita mia che mi venne la voglia di muovere il corpo. Ho sempre amato leggere, ero iscritta alla facoltà di lettere, dove portavo avanti gli esami con profitto. Lavoravo part time in un call center, tra il lavoro e lo studio stavo sempre seduta sulla scrivania a capo chino. Ho sempre dato più spazio alla sfera mentale, all'immaginazione, alla scrittura e alla pittura sin da quando ero bambina, gracile e debole di costituzione sin dalla nascita.

Nonostante il mio grande entusiasmo, la risposta alla mia

aspettativa di apprendimento del Taiji Quan fu delusa. Il gruppo era formato da persone che avevano minimo vent'anni più di me e mi guardavano con perplessità, come se quello non fosse il mio posto; infatti era così. La mia permanenza fu breve, non vedevo, non sentivo, non percepivo la stessa aria di quella "cinesina vista in tv"; quel posto era privo di "poesia", sembrava più che altro un corso di ginnastica posturale e di riabilitazione, di per sé in questo non c'era nulla di male, ma non era quello che stavo cercando, non sentivo il profumo delle Cina che mi aveva inebriato.

All'epoca c'era poco da leggere sull'argomento Taiji Quan. Acquistai un libro con le immagini e cercai di imparare gli esercizi. Nel frattempo la mia ricerca di una scuola continuava, continuò per quasi tre anni. Un giorno mi trovai a passare davanti a un ristorante cinese e mi fermai a chiedere se per caso conoscessero un Maestro di Taiji Quan. Con un sorriso mi indicarono con il dito un centro sportivo proprio dall'altra parte della strada. Quel giorno la mia ricerca finì. Un detto dice "il Maestro arriva quando l'allievo è pronto" e fu così che io trovai il mio.

"Lian gong shi ba fa Qi Gong" tradotto come il **Qi Gong dei diciotto esercizi taoisti della salute** sono la prima sequenza completa di Qi Gong che ho appreso all'inizio dei miei studi con il Maestro Nazzareno De Cave nella sua scuola "Il Bozzolo Di Seta". All'età di ventisei anni avevo già collezionato una serie di acciacchi a causa di alcuni problemi di salute legati al malassorbimento, le mie ossa erano deboli rispetto alla mia età e avevo dei problemi di schiacciamento vertebrale e osteopenia; nelle flessioni del busto non riuscivo a toccare neanche le caviglie con le mani, ero rigida e un po' goffa, mi vergognavo delle mie limitazioni e, anche se di fatto ero sempre la più giovane del gruppo, ero molto legata nei movimenti. In questa scuola mi sentii al mio posto, arrivata a casa, l'atmosfera era accogliente e le movenze molto simili a quelle che ricordavo nello speciale in Tv. Mi impegnavo molto tra lo studio universitario e il lavoro, ogni minuto libero diveniva occasione per ripassare esercizi e sequenze. Qualche mese più tardi, mentre parlavo con il Maestro, che si faceva chiamare semplicemente Nazzareno, mostrando sin da subito una grande umiltà, gli raccontai di quanto la pratica dei Diciotto Esercizi Taoisti e del Taiji Quan mi facessero sentire bene, dei grandi miglioramenti che avevo trovato a livello fisico e, soprattutto, che mi sentivo felice. Nazzareno era felice per me e mi guardava con una faccia per nulla stupita, ciò che per me era una scoperta per lui era "normalità", lui per primo ne conosceva i benefici. Le mie ossa stavano migliorando, tanto che il medico che mi seguiva diradò sempre di più il tempo tra una MOC e l'altra; anche la sensazione di stanchezza che mi accompagnava da sempre diminuiva. Nel giro di un anno ero una persona nuova, mi sentivo giovane come non mi ero mai sentita nonostante la giovane età!

È con lo studio del Qi Gong e del Taiji Quan che iniziò la mia seconda vita.

Qualche volta la vita disegna per noi dei percorsi bellissimi che non ci è dato di capire subito, bisogna essere fiduciosi nel seguire il percorso; anche dalle cose che possono sembrare un male può venir fuori un bene, il male e il bene appartengono soltanto ai preconcetti che ci costringono a guardare il mondo da un certo punto di vista.

E così il cerchio si chiudeva, Nazzareno si era formato nella scuola della "cinesina" che avevo visto in televisione, che altro non era che il Gran Maestro Li Rong Mei, io avevo trovato quello che stavo cercando. Il mio desiderio aveva messo radici.

Qualche anno più tardi ebbi la fortuna di incontrare Il Gran Maestro Li Rong Mei a un seminario che veniva organizzato dalla Fiwuk (Federazione Italiana Wushu Kung Fu). Ricorderò l'emozione di quel giorno per sempre, il mio stupore misto a meraviglia.

È così che è iniziata la storia d'amore tra me e le discipline psicocorporee cinesi, un amore che dura da vent'anni e che diviene più forte ogni giorno.

Per questo mio percorso, per i grandissimi benefici ricevuti sotto ogni aspetto, penso che la pratica dei Diciotto Esercizi Taoisti della Salute e del Taiji Quan debbano essere un bene comune, alla portata di tutti. Spero che in questo mio scritto possiate trovare alcune risposte alle vostre domande e alcune utili indicazioni da seguire, proprio come queste sono state utili per me all'inizio del mio percorso.

Capitolo 1

Introduzione al Qi Gong

Qi Gong, scienza millenaria

Per quanto se ne inizi a sentir parlare soltanto negli ultimi anni per le sue grandi virtù sulla salute, il Qi Gong è una scienza millenaria.

Le sue origini si perdono nella notte dei tempi, in un lontano periodo dove la vita dell'uomo era fortemente legata ai ritmi naturali.

Si racconta di danze sciamaniche intorno al fuoco, per entrare in contatto con le invisibili forze cosmiche. Queste danze, capaci di dare la trascendenza, si compivano come rituali di Guarigione.

La scienza del Qi Gong si è sviluppata e ha assunto un diverso modo di mostrarsi con lo scorrere dei secoli, tanto che oggi facciamo fatica a immaginare un viaggio a ritroso che ci conduca in una condizione per noi estranea, quella di uno stretto rapporto tra Uomo e Natura, tra Macrocosmo e Microcosmo.

Possiamo orientativamente dividere la storia in quattro periodi.

Il primo periodo si colloca con la nascita dell'I Ching, tradotto come "Libro dei Mutamenti" prima del 2400 a.C., proseguendo fino alla dinastia Han (206 a.C.). Questo periodo è il più lontano e quindi il più oscuro.

Il secondo periodo si apre con l'introduzione del buddhismo proveniente dall'India. Le pratiche meditative aprirono la strada al Qi Gong religioso volto all'Illuminazione. Tale periodo durò fino alla dinastia Liang (502-577 d.C.).

Il terzo periodo vede la nascita del Qi Gong Marziale, volto a rinforzare la parte più esterna del corpo, in particolar modo la muscolatura e l'energia difensiva Wei Qi per essere meno vulnerabili ai colpi del nemico.

Nel quarto periodo possiamo assistere all'integrazione di tecniche energetiche provenienti dagli altri Paesi.

Il Qi Gong viene oggi praticato in Cina e in tutto il mondo da milioni di persone. Le scuole e le tecniche insegnate sono numerosissime.

È possibile individuare le caratteristiche principali alle quali mirano le varie correnti di Qi Gong: mantenere un buono stato di salute, curare le malattie secondo la visione della Medicina Cinese, acquisire e migliorare le abilità marziali e, infine, portare l'essere umano all'Illuminazione.

Benché ogni tecnica di Qi Gong lavori complessivamente sul corpo, sulla mente e sullo stato energetico, possiamo dire che, a seconda dell'obiettivo da raggiungere, una tecnica sembra più indicata rispetto a un'altra.

Per avvicinare di più il focus dell'obiettivo di questo libro, ci interessa soffermarci sul **Qi Gong di tipo medico**, inteso come branca della Medicina Tradizionale Cinese.

In Cina i medici si prodigarono più di tutti allo studio e alla comprensione dei movimenti dell'energia interna, capendo che questa poteva essere modificata o accresciuta. Attraverso l'agopuntura, il massaggio, i rimedi erboristici, l'alimentazione e il Qi Gong cercavano di mantenere e riportare in armonia l'essere umano e il suo rapporto con il Cosmo. Essere in armonia significava essere in salute.

I medici osservarono che un corpo che praticava movimenti fisici era meno incline ad ammalarsi rispetto a chi passava molto tempo seduto o coricato. Capirono, inoltre, che determinati movimenti portati con intenzione e con precise respirazioni aiutavano la guarigione di alcune malattie. Tra le tecniche di Qi Gong più antiche possiamo citare, per esempio, "il Qi Gong dei Cinque

Animali". Gli animali devono sopravvivere in un ambiente ostile e sono perciò capaci istintivamente di proteggere il proprio corpo per preservare la vita; le persone, allo stesso modo, imitando gli animali e richiamando oltre alle movenze la loro caratteristica psico-energetica, accrescono da sempre la propria energia vitale. I medici osservarono anche come, in determinate stagioni, alcune malattie si manifestavano più frequentemente, e su questa base furono sviluppati degli esercizi in relazione con le stagioni. Possiamo capire già da questi esempi come l'uomo sia legato alla Natura, e come allontanarsi da questa possa essere fonte di disarmonia e del senso di appartenenza che ci unisce alle forze cosmiche. La pratica del Qi Gong e della regolazione del *Soffio* è requisito fondamentale per mantenere la buona salute.

Altro tipo di Qi Gong al quale dobbiamo prestare attenzione è il **Qi Gong di tipo marziale**. Gli artisti marziali, primi tra tutti i monaci Shaolin, capirono che la pratica del Qi Gong non soltanto li aiutava a rimanere in salute, ma riusciva ad aumentare le capacità delle loro tecniche marziali. Il Qi Gong veniva utilizzato per sviluppare la parte più esterna del corpo, proprio come la muraglia cinese proteggeva il paese. L'energia difensiva **Wei** è l'energia più superficiale nel nostro organismo, serve a impedire che i patogeni entrino in profondità attaccando organi e visceri. Più un patogeno entra in profondità e più sarà difficile combatterlo. Il sistema muscolare veniva potenziato attraverso esercizi mirati, per portare una maggiore efficacia nei combattimenti e una vera e propria corazza di Qi capace di proteggere il corpo dagli attacchi del nemico. Tuttavia, è bene chiarire che il Qi Gong non può mai essere considerato totalmente esterno, in quanto sono sempre presenti un'intenzione mentale e un movimento energetico interiore in grado di creare una comunicazione tra il dentro e il fuori, tra l'interno e l'esterno.

Fra i tre grandi filoni del Qi Gong – quello medico, quello marziale e quello spirituale – mi sono soffermata maggiormente a parlare dei primi due tipi, perché i **Diciotto Esercizi Taoisti della Salute** sono un punto di incontro e di equilibrio tra queste due grandi correnti. Questi esercizi sono molto diffusi e utilizzati dai praticanti di Taiji Quan, soprattutto di stile Yang o di Taiji Quan Moderno. Questi esercizi si mostrano ottimi alleati per rinforzare il nostro corpo, mostrando una buona zione su ossa e muscoli, sono in grado di migliorare la postura e diminuire gli stati dolorosi. Allo stesso tempo, come si prendono cura della parte più esterna del corpo si prendono cura anche dell'energia interna, aumentando la nostra vitalità e il nostro benessere secondo i dettami della medicina cinese.

1.2 Significato di Qi Gong

Qi Gong può essere tradotto come Lavoro sull'Energia o Lavoro sui Soffi.

L'ideogramma **Qi** rappresenta nella sua parte inferiore un chicco di riso tagliato in sezione. Il riso simboleggia la parte più materiale, il corpo, l'energia densa, ed è posto all'interno di una pentola per sottolineare l'aspetto materiale del nutrimento. Nella parte superiore abbiamo il soffio, la parte leggera, il vapore, la parte immateriale.

Ideogramma cinese di Qi "Energia"

Questo ideogramma raffigura le due principali manifestazioni dell'Energia come forma dinamica, dalla Materia al Soffio.

Il secondo ideogramma, **Gong**, significa Lavoro. Possiamo vedere nella parte sinistra dell'ideogramma un attrezzo agricolo, come una zappa, o un altro strumento di lavoro fisico. Nella seconda parte viene raffigurato un tendine in tensione, un muscolo che si muove. L'ideogramma rappresenta quindi un movimento intenzionale, un lavoro finalizzato a qualcosa.

Ideogramma Gong "Lavoro"

L'ideogramma nel suo intero ci sta dicendo che la conduzione e la trasformazione dell'energia dall'aspetto più fisico a quello più spirituale è un lavoro meritorio.

La nostra Energia si correggerà soltanto con la costanza della pratica alla quale dovremmo dedicare attenzione e cura.

Per il pensiero cinese l'essere umano è una manifestazione energetica che comprende vari livelli e forme di Qi. Il corpo è la manifestazione più materiale e concreta, secondo i dettami del taoismo potremmo dire più yin. L'energia più sottile invece è meno materica e più spirituale, potremmo dire di tipo psico-emozionale e quindi di pertinenza yang. Il concetto fondamentale da comprendere è che non esiste una divisione tra corpo e spirito, esistono varie manifestazioni di energia che soltanto nell'armonia della loro espressione e relazione riveleranno in un individuo una condizione di equilibrio.

Come mantenere la nostra Energia Interna

Sarà successo a molti di noi che in alcuni periodi ci siamo sentiti meno performanti del solito e aver detto "oggi non ho proprio energia!" oppure "mi sento scarico!" oppure "oggi sono pieno di energia!", anche se generalmente l'ultima affermazione, purtroppo, è la meno frequente!

Siamo consapevoli di avere una certa quantità di energia, poca o molta che sia; questo ci sembra una cosa naturale, ciò che pensiamo con meno naturalezza è come poter mantenere un buon livello energetico. A questo, per fortuna, ci pensa il Qi Gong!

Il buon praticante sarà chiamato a rispettare semplici e buoni precetti che in Cina sono chiamati **Yang Sheng**, "l'arte di nutrire il principio vitale". Rispettare i principi vitali è un atto consapevole di cura verso sé stessi.

È importante regolare il sonno, cercando di dormire a sufficienza senza andare a letto troppo tardi; mangiare con regolarità cibi di stagione e di buona qualità; avere periodi di attività e lavoro e periodi di riposo e svago. Anche il sesso deve essere dosato. Respirare bene. Questi precetti sono inoltre collegati con il ciclo stagionale. La più grande fonte di saggezza sulla Medicina Cinese arrivata sino a noi è il **Huang ti nei ching su wen – il testo classico di medicina interna dell'imperatore giallo**, il libro di medicina cinese dal quale possiamo attingere una saggezza senza fine e grazie ai quali precetti è possibile regolare la nostra vita.

Benché le prime indicazioni ci sembrino scontate, diviene difficile pensare di respirare bene. Quando pensiamo al respiro ci si accende subito come una lampadina: la parola "diaframma" o respirazione addominale.

Nel Qi Gong, quando si parla di respiro, non si intende unicamente l'azione meccanica che viene compiuta dai polmoni e dal diaframma, ma anche un'azione energetica e forse ancor più importante di quella fisiologica. Il respiro diviene una forma di nutrimento e rinnovamento vitale, capace di trasformare l'energia cosmica in energia personale.

Il modo in cui respiriamo è importante come il modo in cui ci alimentiamo, ma generalmente non diamo molta importanza al nostro respiro.

Cercare di seguire questi semplici precetti di "buona condotta" ci aiuta prima di tutto a non disperdere la nostra Energia. Per il pensiero cinese, alla nascita ci viene data una certa quantità di energia e dobbiamo cercare di conservarla il più possibile poiché è destinata inevitabilmente a esaurirsi.

Il nostro impegno sarà di trovare uno spazio, anche di pochi minuti al giorno, destinato al nostro lavoro sull'Energia, un ambiente confortevole che ci invogli a restarci. Possiamo creare una zona apposita nella nostra casa, non necessariamente una stanza se non l'abbiamo a disposizione, basterà creare il nostro angolo per la pratica personale. Arieggiamo il locale cercando una giusta temperatura, mai troppo fredda, in quanto con il freddo la muscolatura si irrigidisce e il Qi e il sangue non riuscirebbero a scorrere, provocando stasi e fastidi muscolari.

I momenti migliori da destinare alla pratica personale sono quelli dove la luce cambia, l'alba o il tramonto, non è facile però con i ritmi della vita quotidiana ricavarci uno spazio in questi momenti. Andrà quindi bene ogni momento che riusciremo a dedicare al nostro lavoro sul Qi. Quando saremo diventati un po' più esperti riusciremo a praticare in ogni posto, anche all'aperto, scegliendo un parco o una zona che ci ispira particolarmente.

All'inizio del percorso può succedere che, presi dall'entusiasmo, si tenda ad andare in eccesso; pieni di buona volontà imposteremo la sveglia molto presto per ricavarci dello spazio per la pratica personale togliendo ore al sonno; improvvisamente la dieta potrebbe diventare oltremodo sana, eliminando tutti i cibi poco benefici, oppure cercheremo di andare a letto molto presto, ritrovandoci a rigirarci tra le coperte nel ben mezzo della notte. Di per sé ognuna di queste scelte potrebbe essere quella giusta, tranne l'irruenza del cambiamento, che ci porterebbe presto a un senso di frustrazione e stanchezza. Come in tutte le cose, i cambiamenti devono essere graduali; cercare di essere ben intenzionati e disciplinati dovrà sempre essere accompagnato da una sensazione di gioia per ciò che stiamo facendo. Come diceva la mia saggia e amata nonna, "il troppo storpia!".

Il Qi Gong e il Taiji Quan rientrano nei principi del mantenimento dell'Energia Vitale in quanto lavorano sull'unità di Corpo Mente e Respiro, condizione essenziale per un corretto scorrimento dell'Energia. Il 17 dicembre 2020 l'Organizzazione delle Nazioni Unite per l'Educazione, la Scienza e la Cultura (UNESCU) ha inserito l'arte marziale del Taiji Quan nella lista rappresentativa del patrimonio culturale immateriale dell'umanità.

Capitolo 2

Rapporto tra Mente Corpo ed Energia

2.1 Lo Yin e lo Yang

Conoscere lo yin e lo yang è presupposto basilare per comprendere tutto il pensiero sul quale si basano le arti psico-corporee, la Medicina Cinese e la filosofia che permea ogni cosa facente capo al modo di osservare il mondo con gli occhi del popolo giallo. Le persone, come lo yin e lo yang, sono in continuo movimento e trasformazione, presupposti basilari al mantenimento dell'equilibrio. L'essere umano si trasforma continuamente, così come la Natura ce lo mostra dalla semplice sua osservazione: il variare del giorno e della notte, le stagioni, le condizioni metereologiche, la nascita e la morte e così via. Tutto ciò che dimostra un moto circolare e ripetibile al fine di mantenere l'ordine cosmico.

Immagina il sole che sorge, la luce che piano piano rischiara l'oscurità. Il sole lentamente si alza e più si alza e più la luce aumenta, fino a essere completamente giorno. La luce del giorno, benché possiamo non farci caso, cambia di ora in ora, così che la luce delle nove della mattina sarà meno forte di quella di mezzogiorno, ma anche la luce delle sedici sarà meno forte di quella delle dodici, per poi diminuire ancora fino a trasformarsi in maniera più evidente: il tramonto, l'imbrunire e poi la notte e di nuovo l'alba. Immagina che il sole nasca a est e tramonti a ovest, immagina che tra l'est e l'ovest ci sia una montagna. Quando il sole sorge e si innalza illumina una parte della montagna: questo è lo Yang. Dall'altra parte, invece, c'è il versante in ombra dove il sole inizia a calare: questo è lo Yin.

Lo Yang rappresenta dunque il sole, la luce, il giorno, il maschile, la mente, il chiaro, il Qi, il Cielo. Lo Yin rappresenta invece la luna, il buio, la notte, il femminile, il corpo, l'oscurità, il Sangue, la Terra.

Lo Yin e lo Yang rappresentano due opposti complementari e non hanno in sé nessuna morale, nessun indice di bene e di male in senso assoluto come noi occidentali potremmo facilmente immaginare. L'uno non può sussistere senza l'altro.

Parlare delle due polarità è basilare per la comprensione del pensiero cinese e dei concetti base della medicina, poiché proprio su questi concetti viene a fondarsi ogni aspetto sotto il Cielo. Ogni cosa che si esprime dalla nascita alla morte è una rappresentazione dello Yin e lo Yang in tutte le loro sfumature, in un continuo alternarsi.

Nell'ideogramma **Yin** possiamo vedere nel radicale di sinistra l'immagine di una collina; nella parte destra nel radicale superiore viene rappresentato un tetto, una casa e nel radicale inferiore viene rappresentata la pioggia. Il pittogramma simboleggia dunque caratteristiche attribuibili al concetto di Yin: la pioggia, il cielo nuvoloso, lo stare all'interno, il lato in ombra della collina.

Nell'ideogramma **Yang** possiamo veder rappresentato lo stesso pittogramma della collina, ma nella parte di destra viene rappresentato nel suffisso superiore il sole che splende nel cielo, nella parte inferiori delle bandiere che sventolano. Il pittogramma simboleggia dunque caratteristiche Yang: il sole, il vento che muove le bandiere, il lato soleggiato della collina.

A sinistra, l'ideogramma Yin; a destra, l'ideogramma Yang.

L'evoluzione dello Yin e dello Yang possiamo trovarlo rappresentato nel **taiji tu** (simbolo del taiji)

Definiamo il significato del nome
Tai significa grande, ampio, maestoso, supremo.
Ji significa mutamento o cambiamento.
Tu significa schema, simbolo, diagramma.

Questo simbolo descrive come avvengono le trasformazioni dell'energia, degli eventi; descrive la vita stessa. La parte bianca del simbolo rappresenta lo Yang, che nasce nella parte più piccola, più sottile, e cresce fino ad arrivare al suo massimo, dove abbiamo la parte più ampia, il massimo Yang. Una volta arrivato al suo massimo, non può far altro che diminuire. Vediamo a questo punto il nascere della parte nera, sottile, questo è lo Yin. Anche lo Yin cresce fino ad arrivare al suo massimo, dopo necessariamente inizierà a diminuire.

Osservando il simbolo, possiamo notare che all'interno della parte bianca c'è un piccolo cerchio nero e all'interno della parte nera c'è un piccolo cerchio bianco. Quel puntino rappresenta l'input della trasformazione, la possibilità di cambiamento. Non c'è nulla di immutabile, tutto è in continua trasformazione.

Dobbiamo immaginare il mutamento dello Yin e dello Yang come un'onda del mare che si infrange sulla battigia: quando arriva si espande arrivando al suo massimo e poi necessariamente si ritira. Questo movimento è continuo, proprio come l'alternarsi dello Yin e dello Yang, come il ritmo del respiro.

"Lo Yin e lo Yang danno origine al cielo, alla terra e agli esseri. Il cielo, la terra e gli esseri danno origine a tutto ciò che esiste. Quindi ogni cosa esistente porta in sé lo Yin e lo Yang e raggiunge l'armonia mescolando questi due movimenti" (Tao Te Ching, capitolo 42).

2.2 Le diverse manifestazioni del Qi nell'uomo

La nostra cultura scientifica occidentale ci ha portato a conoscere il nostro corpo in un modo unidirezionale, fatto di cellule, tessuti, impulsi nervosi, vasi, organi, visceri e così via. L'uomo, con il passare del tempo, è stato sempre più frazionato e scomposto in compartimenti, assumendo sempre più una visione meccanicistica del suo essere, perdendo la visione d'insieme.

La Medicina Cinese ha invece una visione globale dell'individuo, nella quale psiche e soma sono facce di una stessa medaglia che si manifestano con differenti caratteristiche energetiche. Nell'essere umano sono presenti diverse manifestazioni dell'energia, un'energia più densa come quella del corpo e un'energia più sottile come ad esempio quella degli aspetti mentali, ma entrambi gli aspetti sono parte di uno stesso Qi. È il manifestarsi dell'energia nell'insieme che rende una persona diversa da un'altra. Molto spesso nella Medicina Cinese si parla di diversi tipi di Qi, ad esempio: Wei Qi, Yin Qi, Tian Qi, eccetera. Quando parliamo di Qi dobbiamo pensare a diverse manifestazioni di una stessa energia.

Parleremo brevemente di alcune manifestazioni di energia che ci aiuteranno a comprendere come funziona il nostro sistema mente corpo.

Il Jing

Le "Essenze" si vengono a formare durante il concepimento e comprendono l'aspetto energetico-spirituale come quello più materiale dell'individuo.

Il Jing del Cielo Anteriore

Il Cielo Anteriore è il tempo che precede la nascita.

Il Jing si manifesta dall'unione sessuale dei genitori, dall'amore e dalla passione messi nell'atto di generare una nuova vita. È la potente energia della vita che permette al feto di crescere, nascere e arrivare alla fine dei suoi giorni.

Il Jing del Cielo Anteriore è "la mappa cromosomica", l'ereditarietà dei genitori.

L'intera vita dell'individuo sarà dettata da questa energia poiché influenzerà la costituzione, il carattere, come pure le malattie che tenderà a sviluppare nel corso della propria esistenza.

Questa energia che ci viene data alla nascita è destinata a esaurirsi; tuttavia, possiamo cercare di non disperderla prima del tempo. Per conservarla ci vengono dati alcuni "semplici" precetti da seguire, come abbiamo visto in precedenza con le regole di buona vita.

Jing del Cielo Posteriore

Viene detto **Jing del Cielo Posteriore il periodo di tempo successivo alla nascita.** Questo tipo di energia viene assunto dall'esterno sotto forma di nutrimento. Gli esseri umani si nutrono di cibo, aria, acqua e rapporti emozionali interpersonali. Questo tipo di Energia si procura rapidamente e rapidamente viene consumata. Avere un buon Jing del Cielo Posteriore significa consumare il meno possibile il baglio energetico che ci viene dato alla nascita. Più è buona l'energia "nutritiva" cibo, respiro e affetti e più saremo capaci di prenderci cura di noi stessi e più rallenteremo il consumo del Jing del Cielo Anteriore, che è destinato a esaurirsi mettendo fine ai nostri giorni.

Shen

Il termine **Shen** viene tradotto come "mente" o "spirito". Dobbiamo semplicemente pensare allo Shen come a una manifestazione energetica estremamente sottile.

All'atto del concepimento, insieme al Jing, si stabilirà anche lo Shen.

Lo Shen guida l'orientamento di vita delle persone nel seguire il proprio Cammino. Possiamo considerarlo come la nostra guida spirituale interna capace di orientare le nostre scelte, i nostri passi nel cammino dell'esistenza che siamo chiamati a percorrere e che i cinesi chiamano "Mandato Celeste".

Qi

Qi si può tradurre come "energia" o "soffio". Ogni cosa che esiste ha una propria manifestazione energetica. Ora ci occuperemo del Qi interno dell'uomo.

Questa energia presente nell'uomo viene messa in circolo grazie ai "canali energetici". Se pensiamo al Jing come alla manifestazione energetica più densa e allo Shen come a quella più sottile, il Qi può essere collocato nel mezzo.

Il Qi presente nel nostro organismo fa sì che possiamo muoverci, trasformare le sostanze, veicolare le sostanze vitali nell'organismo e proteggerci dalle aggressioni.

Jing, **Qi** e **Shen** sono chiamati "i Tre Tesori" per la loro preziosità. Queste energie sono in continua trasformazione e movimento nel nostro corpo.

Xue

Xue è il sangue, una sostanza fluida e rossa di vitale importanza per l'intero organismo. Il sangue, circolando all'interno dei vasi, raggiunge gli organi, i visceri, i tendini e irrora i muscoli e la pelle, rendendo così possibile la vita. Per la Medicina Cinese è considerato di natura Yin, in quanto è una manifestazione densa e statica dell'energia. È il Qi che spinge il sangue a scorrere nei vasi. Si dice, infatti, che il **Qi spinge il sangue e il sangue diffonde il Qi**: sono come cavallo e cavaliere.

Il sangue nutre il corpo e lo idrata, consente la chiarezza mentale in quanto è legato alle emozioni.

2.3 I Campi del Cinabro

I Campi del Cinabro o Dan Tian (Dan significa rosso e Tian significa campo) sono zone in cui è presente una particolare concentrazione e qualità energetica. Benché siano parte dell'aspetto energetico della Medicina Cinese, questi prendono una straordinaria rilevanza nella pratica delle arti psico-corporee cinesi, prime fra tutte il Qi Gong, il Taiji Quan e la Meditazione Taoista. È in questi tre campi che viene attuata la trasformazione alchemica; il colore rosso si riferisce al cinabro che veniva anticamente utilizzato insieme al piombo per l'alchimia esterna, l'elisir per ottenere l'immortalità. L'alchimia interna, invece, è quella che interessa noi ed è molto sottile e, benché esistano delle pratiche apposite per potenziare la trasformazione attraverso un lavoro energetico di coltivazione del campo, con la stessa cura e dedizione con la quale un contadino cura il suo podere, sorprendentemente possiamo scoprire che questa trasformazione è un processo costante che accompagna la nostra vita, anche in maniera inconsapevole.

Il primo centro, **Xia Dan Tian**, si trova nel basso addome, circa tre dita sotto l'ombelico, all'interno della cavità pelvica: questo è il centro che rappresenterà la fucina della nostra trasformazione, qui si trova il nostro motore energetico ed è su questo punto preciso che andremo a lavorare con più intenzione. L'energia di questo Campo ha un'energia più densa, per quanto impalpabile, è l'energia delle essenze, il Jing, la nostra porta di accesso alla salute e alla longevità. Ed è proprio su questo campo che ruotano la maggior parte delle pratiche psico-corporee cinesi intente all'alimentazione Dan Tian.

Il secondo centro, **Zhong Dan Tian**, è situato al centro del petto. Possiamo prendere come riferimento il punto Vaso concezione 17 Shanzhong "Centro del petto" dall'energia delle radici passiamo a un'energia più sottile, il Qi. Questo Dan Tian ci mette in relazione con l'altro, con il mondo, come in un abbraccio. Il centro del petto è la dimora del Cuore e rappresenta quindi la residenza dell'Imperatore nel sistema delle cariche degli organi della Medicina Cinese.

Il terzo centro, **Shang Dan Tian**, si trova a livello della fronte, in corrispondenza del punto fuori meridiano FM1 Yintang "Stanza di sigilli". Il Qi si sublima e diviene Shen. Siamo nello spirito nella connessione cosmica con il Cielo.

Il lavoro sui tre centri deve essere affrontato con grande responsabilità, soprattutto per il terzo centro; l'energia interna deve essere sempre in equilibrio, non sarà possibile lavorare sulla nostra sfera spirituale se prima non avremo fatto un ottimo lavoro su Xia Dan Tian e su Zhong Dan Tian. Iniziare il cammino del Qi Gong è un'ode alla lentezza, all'attesa, al vivere il momento presente.

La consapevolezza dei tre centri significherà portare l'attenzione sui **Tre Tesori** Jing, Qi e Shen.

2.4 Le discipline psico-corporee in Occidente

Negli ultimi anni, le discipline psico-corporee, prime tra tutte il Taiji Quan e il Qi Gong, sono state poste sotto il mirino della scienza, per cercare di comprendere i loro palesi e potenti effetti benefici secondo il nostro modo analitico.

I sorprendenti risultati hanno spostato queste discipline da "medicine alternative" a "medicine integrate" o meglio "discipline integrate". Si considera "disciplina integrata" la tecnica della quale ne sono stati riscontrati i benefici ripetibili, e per questo di utilità per il sostegno della persona e il miglioramento della qualità della vita. Queste discipline si mostrano come valido sostegno a integrazione della medicina allopatica moderna e ufficiale.

Per i suoi evidenti benefici, il Qi gong si affaccia sempre di più negli ospedali come supporto ai pazienti oncologici, per le donne operate al seno, per i malati di Parkinson e per malati cronici in generale. Tale disciplina, essendo in grado di lavorare sulle capacità di rilassamento, è un utile supporto anche per i familiari dei pazienti e per il personale ospedaliero soggetto a forte stress.

Nel 2020, durante il periodo di pandemia del virus Sars Cov2, il Qi Gong è stato consigliato per il rinforzo delle difese immunitarie dal governo cinese e utilizzato anche in alcuni nosocomi italiani, come ad esempio per i dipendenti del distretto sanitario di Pavullo e presso la UOC di Psicologia ospedaliera dell'A.U.S.L di Bologna.

La paladina scientifica a sostegno del Qi Gong e delle discipline "body mind" è la psico-neuro-endocrinoimmunologia, più semplicemente chiamata PNEI. Questa branca della medicina occidentale studia l'uomo nel suo intero, dove i sistemi psichici e biologici si condizionano reciprocamente. Grazie a questo "nuovo paradigma" è stato possibile andare al di là della scissione tra Mente e Corpo.

Ci sono similitudini profonde tra la PNEI e la Medicina Cinese, che condividono entrambe la visione psico-biologica dell'uomo. Il medico cinese, per fare la valutazione energetica dell'individuo, non si limiterà alla richiesta della descrizione della sintomatologia, ma condurrà l'ispezione della lingua e ascolterà i polsi, terrà conto del quadro emozionale e ambientale in cui la persona vive. Nei testi più antichi di Medicina Cinese si dice che l'uomo è un microcosmo che deve rispondere alle leggi del macrocosmo. Quando parliamo di rapporto tra microcosmo e macrocosmo, cioè tra uomo e ambiente, non dobbiamo pensare unicamente al rapporto con il cosmo intendendo i fattori climatici o quelli naturali come le montagne, i fiumi e i pianeti, ma primariamente al rapporto umano, cioè tra persone e le modalità di vita che esse adottano. L'intervento del medico cinese avrà il fine di ripristinare un equilibrio che si è perso. Il medico cinese legge i sintomi della persona come squilibri energetici; nella Medicina Cinese le patologie della medicina occidentale non esistono, troveremo le disarmonie del Qi. La Medicina Cinese vanta i suoi migliori risultati come medicina preventiva; essa è una medicina di trasformazione e per questo ha tempi più lunghi rispetto alla medicina occidentale. Nell'ambito della Medicina Cinese, per comprendere i tempi di cura ci aiuta pensare che una persona perde il suo normo stato in molto tempo e per questo il percorso di recupero non potrà essere rapido; non lavorerà sul sintomo, ma cercherà di ripristinare l'armonia in ciò che ha generato lo squilibrio.

Il Qi Gong e il Taiji Quan si esprimono attraverso una serie di movimenti lenti, consapevoli, accompagnati dall'Intenzione e dall'uso consapevole della respirazione addominale profonda o paradossa. **L'obiettivo delle discipline psico-corporee è quello di ripristinare un'armonia perduta tra la mente e il corpo, al fine di migliorare la qualità della vita, riportando la persona in uno stato di equilibrio e di armonia** con il cosmo, riportando la persona al normo stato. Per questo motivo, il medico cinese sceglierà per la persona la tecnica più adatta per ripristinare l'equilibrio perduto, che non necessariamente verterà solo sull'agopuntura o sul *tuinà* (il massaggio energetico cinese), potrebbe essere consigliata la pratica di alcuni esercizi di Qi Gong abbinati all'alimentazione energetica.

Studi scientifici dimostrano che la pratica del Qi Gong e del Taiji Quan apportano dei cambiamenti fisici importanti, rafforzano il sistema immunitario, ne giovano l'apparato cardiovascolare e circolatorio, il tono dell'umore migliora, la qualità del sonno cambia positivamente, riduce la percezione del dolore, migliora la forza muscolare e la flessibilità, per citare soltanto alcuni benefici, ma la lista è davvero lunghissima e di facile reperibilità.

Insomma, sia se guardiamo dal punto di vista occidentale sia da quello della Medicina Cinese, il Qi Gong si dimostra un potente alleato per il mantenimento e il miglioramento dello stato di salute psico-fisica.

Capitolo 3

Cenni di energetica cinese

3.1 fattori di malattia interni ed esterni

Per il pensiero filosofico, alla base della Medicina Cinese l'uomo è strettamente connesso alla Natura. Il suo equilibrio psicofisico si mantiene armonico soltanto seguendo le leggi universali, regolando la sua vita ai cicli naturali. Regolarsi con i ritmi della natura significa vivere in continuo scambio con essa, nelle azioni e nei pensieri. Per fare un esempio, possiamo pensare a come le nostre abitudini cambino da una stagione all'altra; in estate ci verrà facile fare una passeggiata dopo cena, mentre in autunno questa voglia di uscire e stare fuori all'aria aperta piano piano diminuirà, dando spazio alla voglia di rincasare con il tramonto e mangiare qualcosa di caldo. Seguire le leggi naturali significa regolarsi con le ore di luce e di buio, regolare la nostra alimentazione con i cibi che ogni stagione offre, in quanto questi sono adatti all'apportare l'equilibrio energetico che ci è necessario in un periodo preciso, come ad esempio l'estate o l'inverno; i benefici degli alimenti sono collegati alla stagione in cui vengono consumati. Vivere in armonia con le leggi della natura significa anche rallentare, non dover correre come forsennati da una parte all'altra, ma riappropriarsi di tempi umani nel rispetto di se stessi, mostrare l'amore per sé e per gli altri nella sua prima espressione, quella del rispetto. Quando i ritmi di vita si allontanano dai ritmi naturali diveniamo vulnerabili, in questa condizione è facile che possa subentrare la malattia, che i fattori patogeni possano colpirci.

I fattori patogeni sono essenzialmente due e si dividono in

interni ed **esterni**. Quelli **esterni** sono detti "climatici" e sono il vento, il caldo, il fuoco, l'umidità, la secchezza e il freddo. Questi agenti atmosferici sono in grado di farci ammalare, pensiamo per esempio quando prendiamo un colpo di vento freddo, la nostra muscolatura si può irrigidire provocando una fastidiosa contrattura dolorosa.

Il patogeno interno è un poco più lontano dal nostro quotidiano modo di pensare ed è riferito alle **emozioni**.

Per la medicina cinese ogni organo è collegato a un'emozione; quando l'emozione permane troppo a lungo si manifesterà uno squilibrio energetico. Le emozioni di per sé non sono nocive, ma il loro eccesso e la loro permanenza generano lo squilibrio energetico.

Di seguito, gli organi e le emozioni a loro associate.

Fegato > Rabbia
Cuore > Gioia
Milza > Rimuginazione, pensosità
Polmone > Tristezza
Reni > Paura

Prendiamo per esempio la rabbia. Possiamo ben comprendere come, dopo una lite dove ci siamo molto arrabbiati, abbiamo spesso una sensazione di calo e di stanchezza e non ci sentiamo bene. In questo caso, però, la rabbia si è espressa, si è manifestata, portando a una "sintomatologia" acuta e di breve durata.

Ciò che andrà maggiormente a creare una disarmonia è la rabbia trattenuta, quel livore o quella frustrazione che non svaniscono, ma che ci accompagnano, permanendo nel tempo.

In questo senso le emozioni ci fanno ammalare.

Questa associazione tra rabbia e malattia ci sembra comunque abbastanza di facile comprensione, poiché tutti pensiamo alla rabbia come a un'espressione negativa delle nostre emozioni. E se invece pensassimo alla gioia?

Anche la gioia, se portata all'eccesso e alla permanenza, potrà farci ammalare.

Immaginiamo di vincere alla lotteria!

Penso che ognuno di noi ne sarebbe molto felice, tanto felice da perdere il sonno, da avere la tachicardia, da diventare rosso in volto... ecco, anche la gioia, se portata all'eccesso, può farci ammalare!

Dobbiamo quindi entrare nell'idea **che tutte le emozioni sono necessarie nella loro espressione, ma queste non devono dominare la nostra vita.**

3.2 Organi e visceri in Medicina Cinese

I movimenti dell'energia

Nel capitolo precedente abbiamo parlato delle emozioni e di come queste siano strettamente legate al nostro stato di armonia. Per la Medicina Cinese, un'emozione non espressa o troppo a lungo trattenuta può generare uno squilibrio energetico del quale noi leggeremo i sintomi come malessere o "malattia".

Gli organi, in cinese **Zang**, sono quelli "pieni", destinati all'elaborazione e all'accumulo dell'energia; ogni organo è collegato a un viscere **Fu** detto "cavo"; i visceri sono deputati allo smaltimento delle sostanze. Ogni organo è legato a un apparato, uno stato psichico, un odore, una stagione, una costellazione e così via, a ricordarci che tra Uomo e Natura c'è un legame inscindibile. Per la Medicina Cinese il corpo umano viene paragonato a un "impero-stato" con incarichi definiti, attribuiti a i vari **Zang Fu**. Possiamo leggere l'attribuzione delle cariche degli organi e dei visceri nel libro cardine della medicina cinese, lo "Huang ti nei ching su wen", tradotto come "Testo classico di medicina interna dell'imperatore giallo" nel capitolo VIII.

Fegato (Gan) e Vescica biliare (Dan)

"Il Fegato ha l'incarico di comandante dell'esercito, emana l'analisi della situazione e la progettazione dei piani" (SW, cap. 8).

"La Vescica biliare ha l'incarico del giusto e dell'esatto (è il giudice), emana determinazione e decisione" (SW, cap. 8).

L'energia del **Fegato** è associata al movimento del **Legno**. Questo movimento mostra un'energia che cresce e si espande in tutte le direzioni proprio come un albero, che cresce verso il cielo allargando le fronde, e in profondità nella terra cresce verso il basso con grandi e lunghe radici.

La stagione associata è la primavera, espressione di un'energia in aumento; dopo l'inverno questa energia si risveglia e inizia a crescere, per svilupparsi pienamente in estate nel suo massimo Yang. L'orifizio del Fegato sono gli **occhi**, il senso è la **vista**. Avete presente l'espressione "accecato dalla rabbia"? Anche nei detti popolari abbiamo la possibilità di ritrovare quella sapienza antica presente agli uomini in ogni parte del mondo. Gli esercizi di Qi Gong che lavorano sul Fegato migliorano anche la vista.

Il colore associato è il verde, il colore brillante delle gemme di primavera, della giada cinese e dell'acquamarina. Anche riguardo al colore possiamo citare il detto "verde dalla rabbia":

l'emozione associata al Fegato è infatti la "**rabbia**". Abbiamo qui ben due associazioni emozione e colore.

La capacità del Fegato è quella di "vedere e fare progetti"; nel Su wen gli viene attribuita la carica **di generale delle armate**, il suo viscere associato è la **Vescica biliare** che ha l'incarico di **Ministro della giustizia, della decisione e della rettitudine**. Quando la Vescica biliare riterrà giusti i progetti del Fegato darà il proprio sostegno nella realizzazione del progetto, ma in ultima istanza tutto sarà sempre compiuto sotto il volere del Cuore.

L'energia del Fegato:
- dinamizza il Sangue e il Qi
- immagazzina il Sangue Xue
- si apre negli occhi
- si manifesta nelle unghie

Per la medicina cinese un ruolo molto importante che viene attribuito al Fegato è quello di "**promuovere la libera circolazione del Qi**". Si dice infatti che il Qi muove il sangue e il sangue trasporta il Qi. Una disarmonia energetica molto frequente del Fegato è quella della "stasi" di sangue o di Qi.

Il Fegato immagazzina il sangue Xue e lo fornisce all'utero affinché possa esprimersi liberamente durante il ciclo mestruale. L'armonia energetica del Fegato è molto importante per tutti, ma in particolar modo per le donne, che energeticamente sono associate al sangue, mentre gli uomini al Qi.

Per quanto riguarda l'argomento affrontato in questo testo, è importante parlare dei **tendini e dei muscoli perché sono collegati all'energia del Fegato**. Per la medicina cinese il movimento dei muscoli è a carico sia della Milza-Pancreas, che ne determina la forma, sia del Fegato, che ne permette la contrattilità. Quindi **l'energia del Fegato è importantissima per il movimento**.

Il compito della **Vescica biliare è quello di immagazzinare**

la bile, una quintessenza legata ai fenomeni della digestione. Essa **immagazzina ed elimina la bile e controlla la decisione**.

Cuore (Xin) e Piccolo intestino (Xiao Chang)

"Il Cuore ha la carica di Signore e padrone. La radiosa luminosità dello Shen ne precede" *(SW, cap. 8)*.

"Il Piccolo Intestino ha l'incarico di ricevere e far prosperare, emana le sostanze trasformate" (SW, cap. 8).

Ideogramma di cuore

L'ideogramma sopra rappresentato è quello di Cuore. Per la medicina cinese il **Cuore** ricopre un ruolo particolare in quanto rappresenta, nelle sue virtù, non tanto l'aspetto materiale quanto **l'aspetto psichico-spirituale**. La sua carica è quella di **Imperatore**, che nell'antica Cina veniva insignito dei voleri Celesti.

Il Cuore viene rappresentato nel suo ideogramma come una coppa vuota capace di accogliere, è il luogo dove viene accolto lo Shen, lo spirito del Cielo capace di mettere in continua comunicazione l'uomo con le energie sottili. Nell'ideogramma la "coppa-cuore" riceve tre gocce dall'alto, le **emozioni** "Benshen" a sinistra, la parte **mentale** del pensiero "Shishen" a destra e al centro "Yuanshen", l'**essenza** che cade proprio all'interno della coppa. L'ideogramma ci racconta che se seguissimo unicamente le emozioni avremmo una vita dominata da esse e che queste ci porterebbero alla sregolatezza; se invece seguissimo l'aspetto logico-mentale diventeremmo rigidi, inflessibili, non capaci del cambiamento e della trasformazione. Il centro è l'equilibrio tra la ragione e le emozioni, la nostra essenza; lo Yuanshen è l'elemento di raccordo ed equilibrio tra le emozioni e l'aspetto mentale ed è quello che dovrebbe guidare la nostra vita.

L'emozione collegata al Cuore è la **gioia**: è una gioia serena, che ci rende positivi nei confronti degli eventi della vita. Ciò che invece può danneggiare il Cuore è la gioia portata al suo estremo, sotto forma di eccitazione e di euforia. L'esempio che porto sempre è quello della vincita della lotteria poiché rende bene l'idea. Diventare milionari è di certo una notizia bellissima, ma potrebbe portare ad avere degli effetti collaterali, come ad esempio le palpitazioni, l'insonnia e l'innalzamento della pressione arteriosa… e così via. Oppure, più semplicemente, pensate a una bella festa, dove si è riso molto e ci si è divertiti e magari fatte le ore piccole. Sicuramente il giorno dopo si avrà voglia di starsene tranquilli per ristabilire un'armonia che si è sbilanciata.

Il movimento del Cuore è quello di **massimo Yang**, che si esprime nella stagione **estiva** e nel movimento **Fuoco**. Il movimento fuoco ha una direzione che si esprime verso l'alto come una fiamma che protende verso Cielo; allo stesso modo le nostre parole e le nostre azioni dovrebbero innalzarci verso le energie Celesti, lasciando che il Cuore possa accogliere lo Shen ed esserne guidato. È proprio il "fuoco interiore" che ci rendere capaci di comportarci e di agire in maniera sensata nel percorrere il cammino della vita. Il colore associato è chiaramente il **rosso,** il punto cardinale il **sud,** l'energia cosmica è il **calore e il fuoco.**

Le funzioni del Cuore in medicina cinese sono le seguenti:
- governa il sangue e i vasi
- ospita lo Shen
- si apre sulla lingua (riferito a ciò che diciamo, il linguaggio come espressione dell'intelletto)
- si manifesta nel volto
- controlla la sudorazione

Il suo viscere, il **Piccolo intestino,** ha l'incarico di **separare il puro dal torbido.** Ha, cioè, il compito di comprendere ciò che è buono per noi e ciò che non lo è, sia per quanto riguarda le sostanze nutritive rappresentate dal bolo alimentare sia per quelle psichiche.

Ministro del Cuore (Xin Zhu) Pericardio (Xin Bao Luo) e Triplice riscaldatore (San Jiao)

"Il ministro del Cuore è incaricato degli agenti in missione, emana l'allegria e la gioia" (SW, cap. 8).

Quando parliamo di **Ministro del Cuore, Pericardio** e di **Triplice Riscaldatore** siamo sempre nell'elemento **Fuoco.** Questi due distretti non sono organi paragonabili a quelli visti finora, e ora vedremo il perché.

Il **Pericardio** è fisicamente la membrana che ricopre il cuore a protezione degli attacchi esterni, mentre il **Triplice** non ha un organo di riferimento anatomico, bensì sovrintende al corretto funzionamento organico.

Il **Pericardio o Ministro del Cuore ha due competenze** ben precise, per questo viene indicato con i due nomi.

Se ricordiamo la raffigurazione dell'ideogramma Cuore, esso viene rappresentato con un'apertura verso l'alto, come una ciotola vuota. La caratteristica del Cuore è proprio quella di rimanere vuoto, è questa sua caratteristica che lo rende capace di accogliere lo Shen. Al Cuore sono attribuite delle caratteristiche più che altro psichiche e spirituali, in quanto deve svolgere il suo ruolo di intermediario e ospite dell'energia celeste. **È il Ministro del Cuore che viene incaricato della diffusione dei voleri dell'imperatore**, che vengono diffusi attraverso il sangue che viene dinamizzato dal Qi. Il Ministro del Cuore rappresenta il centro del petto, dove si accumula la Zhong Qi, e anche questa energia verrà distribuita a tutto il corpo.

Il **Pericardio** rappresenta invece la protezione del Cuore da tutto ciò che arriva dall'esterno e che potrebbe danneggiarlo, in particolare dal **Calore**.

Viene affidato al **Ministro del Cuore** il lavoro concreto, materiale, per questo governa il sangue e i vasi, che ne permettono la distribuzione dei suoi voleri in tutto il corpo, agli arti e a tutti gli organi, in ogni distretto.

Il **San Jiao**, tradotto come Triplice riscaldatore, ha già un nome che ci fa comprendere la sua relazione con il movimento Fuoco. **San** significa "tre", **Jiao** significa "bruciare, riscaldare". Il Triplice si divide in tre parti e in ogni Jiao sovraintende a degli organi precisi.

Nel **Jiao inferiore** troviamo: Reni, Vescica, Intestini e Fegato. **Esso si occupa dell'eliminazione delle sostanze di scarto.**

Nel **Jiao medio** troviamo: Milza-Pancreas, Stomaco e Vescica biliare. **Esso si occupa della digestione.**

Nel **Jiao superiore** troviamo: Cuore e Polmone. **Controlla la respirazione e la circolazione, diffondendo il Qi all'esterno e in alto. Si occupa della distribuzione dei liquidi.**

Tuttavia, non avendo questo organo energetico un corrispettivo anatomico preciso, la collocazione degli organi nei tre Jiao potrebbe variare in base agli insegnamenti delle varie scuole di medicina cinese.

Quando si parla di Triplice riscaldatore si parla anche della **Yuan Qi.**

La Yuan Qi, tradotta come Energia Ancestrale o Energia Originale, è l'energia che permette agli organi di svolgere le proprie funzioni. Questa energia si occupa della trasformazione del Qi di tutti gli organi e dei visceri. L'energia degli organi ha una specifica funzione e direzione e il San Jiao si occupa di mantenere questa distribuzione energetica armoniosa.

Milza-Pancreas (Pi) e Stomaco (Wei)

"La Milza e lo Stomaco hanno l'incarico dei fienili e dei granai, emanano i cinque sapori" (SW, cap. 8).

Quando si parla delle caratteristiche della **Milza** ci si riferisce sempre anche al Pancreas, ma, come si usa fare convenzionalmente, diremo semplicemente Milza per intendere entrambi.

Per la Medicina Cinese la **Milza** assume un ruolo energetico primario: essa infatti si occupa della digestione e dell'assimilazione degli alimenti e non solo.

Il movimento associato alla Milza è quello della **Terra**, che rappresenta il **Centro**. La Terra rappresenta il centro, in grado di dar nutrimento e stabilità a tutti e cinque gli organi.

Nella nostra società i problemi legati alla digestione sono moltissimi e sono collegati a diversi fattori, pensiamo a quelli di più facile comprensione.

La qualità del cibo che mangiamo è un importantissimo fattore di tesaurizzazione dell'energia vitale. Purtroppo la vita frenetica che conduciamo ci costringe spesso a pasti frugali, consumati velocemente, e in alcuni casi il pasto viene consumato mentre lavoriamo davanti alla scrivania, masticando il minimo indispensabile per consentirci di ingoiare. Spesso, alla cattiva digestione si associano due fattori: la scarsa qualità del cibo e il pasto consumato solo per tappare il buco della fame.

Come già sappiamo, una buona alimentazione ci aiuterebbe ad avere una buona energia.

Ad esempio, nell'ottica della dietetica cinese un alimento appena raccolto da un campo e consumato dopo poche ore ha un valore nutritivo molto più alto rispetto a un alimento conservato in barattolo, perché la sua vitalità è maggiore.

I cereali che mangiamo sono generalmente raffinati e ridotti in farina e hanno scarso valore nutritivo, mentre i cereali in chicco integrali o semi integrali hanno un alto potere energetico.

Gli zuccheri aggiunti sono parte abituale della nostra alimentazione, purtroppo non aiutano la nostra vitalità, ci appesantiscono e creano rallentamento del Qi. Le nostre nonne avevano la buona abitudine di relegare il dolce alla domenica e ai periodi festivi. La mattina la giornata veniva iniziata con una colazione salata, mi ricordo i racconti di mia nonna che mi diceva che la mattina mangiavano pasta e fagioli oppure pane e salame prima di andare a lavorare nei campi. Il **Dolce** fa bene alla Milza, ma non il dolce dello zucchero raffinato, che viene considerato un sapore tossico; ciò che tonifica la Milza apportando un'azione benefica è il dolce dei cereali in chicco.

Il latte e i latticini sono generalmente sconsigliati e da usare con parsimonia, a meno che non si debba andare a portare una precisa azione **umidificante**. Questi sono solo semplici consigli che ci permetterebbero di nutrirci e di digerire al meglio.

La digestione non è semplice e mero appannaggio degli organi come strutture fisiche; la nostra mente potrebbe "non digerire" alcune situazioni, alcune persone, dando vita a un **rimuginio** di pensiero ricorrente. Quando il pensiero è ricorrente si fissa spesso un determinato argomento, torna e ritorna senza mai trovare una via di uscita, il pensiero si annoda su sé stesso. Questo pensare e ripensare ci indebolisce impedendoci di scorrere, di lasciar fluire i nostri pensieri; la nostra energia e la nostra vita si bloccano in un continuo "repeat!".

Il colore associato alla Milza è il colore **giallo dorato** dei cerali. Il suo elemento è la **Terra**; ci viene facile pensare all'immagine del nutrimento come una madre che nutre un figlio così come la terra nutre le sue creature.

Elenchiamo alcune funzioni della Milza:

- governa e domina il trasporto e la trasformazione
- governa i muscoli e i quattro arti
- controlla il sangue tenendolo nei vasi
- mantiene gli organi al proprio posto
- si apre nella **bocca** e riflette la sua lucentezza nelle **labbra**. La bocca è l'orifizio dove inizia la digestione attraverso la masticazione; un proverbio cinese dice che "lo stomaco non ha i denti", per questo motivo bisogna masticare bene il cibo.

Come abbiamo detto in precedenza, lo Stomaco è collegato alla Milza in quanto governano insieme la trasformazione, l'assimilazione e la distribuzione del Qi degli alimenti.

Polmone (Fei) e Grosso intestino (Da Chang)

"Il Polmone ha la carica di ministro e cancelliere, emana la regolazione delle trasmissioni" (SW, cap. 8).

"Il Grosso intestino ha l'incarico dei transiti, emana i residui delle trasformazioni" (SW, cap. 8).

Il Polmone è il Signore e Maestro del Qi. Il suo ruolo è primario ed è molto vicino al Cuore.

Nel momento della nascita il primo atto che compie un bambino è quello di inspirare; con l'ispirazione i suoi polmoni si riempiranno d'aria per la prima volta, inizia attraverso il pianto la prima espirazione e l'ingresso della vita al Cielo Posteriore.

Il Polmone è associato all'**autunno**, la stagione che segue l'estate: è la stagione del ritirarsi. Le ore di luce diminuiscono, si ha voglia di rientrare a casa e in sé stessi dando spazio alla sensibilità e all'introspezione. Nella vita dell'uomo è il momento della terza età, il suo colore è il **bianco** lucente dell'acciaio, il movimento energetico è quello **contrattivo** del **Metallo**.

Sia il Polmone sia il Grosso intestino si occupano dell'assimilazione e della dispersione: questo avviene sia fisicamente che energeticamente.

Il Polmone è l'unico organo ad avere contatto con l'esterno, sia attraverso la sua apertura nei fori del **naso** sia attraverso la **pelle**, che è sotto il suo dominio. La pelle è la prima difesa del nostro corpo, un po' come la muraglia cinese ci protegge dalle aggressioni esterne, impedendo che i patogeni giungano in profondità.

Al Polmone dobbiamo le nostre difese attraverso la Wei Qi, l'Energia Difensiva, "le nostre difese immunitarie".

Elenchiamo di seguito alcune delle sue funzioni:

- è il Maestro del Qi
- governa la funzione respiratoria
- genera il Qi
- governa la pelle e gli annessi
- si apre nel naso
- è in relazione con la voce

Il compito del Grosso intestino (colon) giunge abbastanza lampante: nell'intestino il cibo subisce la sua ultima trasformazione, dove i liquidi degli scarti alimentari vengono assorbiti, mentre l'ultimo scarto, consistente, verrà eliminato nelle feci.

Reni (Shen) e Vescica urinaria (Pang Guan)

I Reni sono detti "Ciò che genera la potenza ed emana l'abilità e il saper vivere" (SW, cap. 8).

La Vescica urinaria ha l'incarico "dei territori e delle città, tesaurizza i liquidi corporei, sotto l'effetto delle trasformazioni effettuate dal Qi, emana la potenza delle uscite" (SW, cap. 8).

I Reni, per la Medicina Cinese, hanno un ruolo di fondamentale importanza. È all'energia del Rene che dobbiamo la quantità dei nostri giorni e la qualità della nostra vita. L'energia dei Reni deve essere sempre e soltanto tonificata, la sua diminuzione si tramuterà nella diminuzione dell'energia vitale.

I Reni sono custodi del **Jing**, l'essenza preziosa in grado di attivare i processi di crescita, di sviluppo e di riproduzione.

Come abbiamo detto nel capitolo precedente, esistono due tipi di Jing: quello del Cielo Anteriore, acquisito al momento del concepimento, e quello del Cielo Posteriore, che viene acquisito dalla nascita in poi. Ed è proprio a quest'ultimo che possiamo far riferimento per cercare di limitare il consumo del Jing del Cielo Anteriore osservando i precetti di buona vita. Mi preme molto portare l'attenzione sulle abitudini legate all'alimentazione, sia alla qualità e freschezza delle materie prime necessarie per incrementare il Qi attraverso il valore nutritivo degli alimenti, sia sull'importanza di far presente che le pratiche di digiuno consigliate in altre correnti di pensiero per la dietetica cinese sono sconsigliate in quanto portano l'organismo in una condizione di deficit di energia. Praticando il digiuno per mantenere la vitalità psico-fisica si andrà ad attingere dal Jing del Cielo Anteriore, consumandolo. Per la Medicina Cinese il digiuno è consentito soltanto in casi eccezionali per ristabilire uno squilibrio energetico, come ad esempio per "disintossicare" l'organismo. Tuttavia, l'ultimo pasto della giornata dovrebbe essere leggero e consumato non troppo tardi. Un'altra fonte importante di nutrimento è il respiro, di questo ne parleremo in maniera approfondita nel prossimo capitolo.

L'unica disciplina in grado di accrescere il Qi è appunto il Qi Gong. Le altre pratiche, come ad esempio l'agopuntura, possono rimuovere i blocchi energetici ripristinando un corretto fluire dell'energia, ma non hanno la capacità di aumentare il Qi.

I Reni sono in comunicazione con il proprio viscere, la Vescica urinaria, e insieme sono associati al movimento **Acqua**. I Reni temono il **freddo** e sono associati all'**inverno**, l'emozione collegata ai Reni è la **paura**; essi controllano gli orifizi del basso, pensate all'espressione "me la sono fatta sotto dalla paura!", la paura porta alla perdita incontrollata di energia verso il basso.

Per noi è molto importante parlare di un altro dominio dei Reni: le **Ossa**, comprese di **denti e del midollo**. Per i cinesi il "**mare dei midolli**" è il cervello, a esso dobbiamo le nostre capacità cognitive e neurologiche, invecchiare con un corpo sano ma senza lucidità mentale sarebbe poco utile. Un indebolimento delle ossa è sintomo di un deficit dell'energia del Rene. Non possiamo sottrarci alla decadenza fisica portata in modo naturale dall'avanzare dell'età, ma possiamo far sì di invecchiare bene mantenendo il più possibile il corpo forte e flessibile e la mente lucida.

Anche le orecchie sono collegate al Rene, ne ricordano anche la forma.

Riassumiamo di seguito alcune peculiarità dell'energia del rene:

- immagazzina il Jing e governa la nascita, la crescita, lo sviluppo e la riproduzione dell'essere umano
- domina il metabolismo dell'acqua
- domina le ossa e produce il midollo
- si apre nell'orecchio
- controlla gli orifizi del basso

La Vescica urinaria, come abbiamo detto, è il "funzionario delle acque"; per la Medicina Cinese non soltanto elimina le urine, ma si occupa del procedimento di trasformazione dei liquidi necessari a trasformare l'urina. La Vescica, dal punto di vista psichico, sceglie riguardo le cose pratiche di tutti i giorni.

Tavola degli elementi in medicina cinese

	LEGNO	FUOCO	TERRA	METALLO	ACQUA
STAGIONI	Primavera	Estate	Fine Stagioni	Autunno	Inverno
DIREZIONI	Est	Sud	Centro	Ovest	Nord
COLORI	Verde	Rosso	Giallo	Bianco - Blu	Nero
SAPORI	Acido	Amaro	Dolce	Piccante	Salato
CLIMI	Vento	Calore	Umidità	Secchezza	Freddo
STADI DI SVILUPPO	Nascita	Crescita	Trasformazione	Raccolta	Accumulo
NUMERI	8	7	5	9	6
PIANETI	Giove	Marte	Saturno	Venere	Mercurio
YIN-YANG	Yang Minore	Yang Massimo	Centro	Yin Minore	Yin Massimo
ANIMALI	Pesci	Uccelli	Esseri Umani	Mammiferi	Ricoperti da un guscio
ANIMALI DOMESTICI	Pecora	Volatili	Bue	Cane	Maiale
CEREALI	Grano	Fagioli	Riso	Canapa	Miglio
ORGANI	Fegato	Cuore	Milza	Polmoni	Reni
VISCERI	Vescicola Biliare	Intestino Tenue	Stomaco	Intestino Crasso	Vescica
ORGANI DI SENSO	Occhi	Lingua	Bocca	Naso	Orecchie
TESSUTI	Tendini	Vasi	Muscoli	Pelle	Ossa
EMOZIONI	Collera	Gioia	Preoccupazione	Tristezza	Paura
SUONI	Grida	Riso	Canto	Pianto	Gemiti

La tavola degli elementi è utile per andare a verificare le caratteristiche di ogni loggia energetica.

3.3 I dodici Canali principali "Jing Mai"

Abbiamo in precedenza parlato di energia e cercato di definire cosa sia, e abbiamo visto più da vicino alcune sue manifestazioni. Ma come si distribuisce questa energia nel nostro corpo? Una volta venivano chiamati meridiani perché circondano il corpo, proprio come i meridiani su di un mappamondo formano una fitta rete. Oggi vengono più facilmente chiamati canali, con riferimento ai percorsi d'acqua, proprio come i canali irrigui, i fiumi e i torrenti, i laghi e i mari: essi sono le vie di scorrimento e di nutrimento dell'energia vitale.

Nel nostro corpo se ne contano circa settantadue, a essi si aggiungono delle zone cutanee con degli addensamenti energetici che vengono chiamati Pi Pu (Pi=pelle; Pu=territorio).

I dodici canali principali rappresentano la nostra struttura energetica atta a occuparsi delle nostre funzioni fisiche e organiche.

Il termine **"jing"** rappresenta le due pendici della montagna dove in mezzo scorre un fiume,
"Mai", in una precisa direzione.

Come abbiamo potuto leggere in precedenza sulle funzioni degli organi, il canale energetico veicola l'energia che si occupa dell'organo di riferimento, del viscere, di un sistema anatomico, di un livello energetico e di una condizione psico-emotiva.

Nel nostro corpo scorrono sei canali di tipo Yin che originano dagli organi Zang, i quali hanno decorso sul ventre, sul torace, sulla parte interna del corpo, delle braccia e delle gambe.

Ovviamente scorrono anche sei canali Yang che originano dai visceri Fu e che hanno un decorso che coinvolge la testa e il viso, la schiena, la parte esterna del corpo delle braccia e delle gambe.

Questi canali Yin e Yang sono collegati tra di loro, come un unico filo di un gomitolo di lana. L'energia si sposta da canale in canale, iniziando il ciclo dalla zona del petto, dal canale di Polmone, per concludersi sul canale di Fegato e ricominciare nuovamente. Giunti a questo punto, possiamo parlare di marea energetica, ovvero il flusso che l'energia osserva spostandosi da una zona all'altra con un movimento preciso che riporto di seguito.

Dalle tre alle cinque, Polmone: l'energia massima del Polmone si manifesta mentre noi dormiamo, ma in realtà la nostra energia si sta preparando per affrontare la giornata, il Polmone diffonde il Qi e il sangue in tutto l'organismo.

Dalle cinque alle sette, Grosso intestino (colon): in questo momento ci si sveglia e si depura il nostro organismo dalle scorie attraverso l'azione compiuta dal colon, cioè con le feci.

Dalle sette alle nove, Stomaco: un proverbio cinese dice "Colazione da re, pranzo da nobili e cena da poveri!": questo, infatti, è il momento in cui lo Stomaco è al massimo del suo funzionamento ed è quindi in questo momento che dovrebbe consumarsi il pasto principale della giornata. Un pasto salato ed equilibrato, dobbiamo pensarlo come una sorta di pranzo e non come una colazione dolce.

Dalle nove alle undici, Milza: per la medicina cinese il ruolo della Milza è vitale, poiché è proprio essa che si occupa dell'assimilazione dei nutrienti. Attraverso il cibo che abbiamo ingerito, estrae le sostanze che permettono un buon funzionamento metabolico. Se la Milza non trova il giusto bolo alimentare, cioè le giuste sostanze nutritive ingerite poco prima dallo stomaco, andrà a intaccare le nostre scorte energetiche, portando un senso di spossatezza e mancanza di energia che spesso si traduce con la necessità di fare uno spuntino.

Per evitare questa sensazione di calo è importante iniziare la giornata con un pasto completo e nutriente. La Medicina Cinese sconsiglia sia lo spuntino della mattina sia la merenda del pomeriggio, in quanto i visceri devono avere il tempo per svuotarsi, per poi poter iniziare nuovamente il loro lavoro.

Dalle undici alle tredici, Cuore: in questo momento della giornata lo Yang del giorno è arrivato al suo apice e da questo momento la luce della giornata e il calore inizieranno a diminuire, come abbiamo visto parlando dello Yin e dello Yang nel capitolo precedente. In questo momento è previsto il secondo pasto della giornata, il pranzo. Nell'ottica della Medicina Cinese, il pasto sarà più leggero, "da nobile", rispetto alla colazione, "da Re", come recita il proverbio. Questo momento servirà a ricaricare le energie e riposarci, prendendoci una pausa dalle nostre attività produttive.

Dalle tredici alle quindici, Piccolo intestino: in questo momento il Piccolo intestino è impegnato ad assimilare e trasformare le parti più nutrienti del cibo; è bene dedicarci ad attività che non richiedano troppo impegno.

Dalle quindici alle diciassette, Vescica urinaria: assimilati i nutrienti del pranzo, siamo ora pieni di energia e pronti di nuovo a metterci all'opera sia a livello fisico che mentale.

Molto spesso alla metà del pomeriggio si usa fare una piccola merenda per arrivare con meno fame alla cena. Per la dietetica cinese, invece, gli organi devono avere tempo di svuotarsi bene prima di riempirsi nuovamente, la merenda è quindi sconsigliata, ma sarà possibile bere una bevanda calda come usano fare gli inglesi con il tè, che viene bevuto tra le 15,30 e le 17,00.

Dalle diciassette alle diciannove, Rene: la nostra giornata volge alla sua fase conclusiva; lo Yin è in crescita, soprattutto nei periodi dove la luce in questo orario non c'è più. Questo è il momento per rallentare, dovremo imparare a comportarci come il sole che tramonta.

Dalle diciannove alle ventuno, Ministro del cuore: in questo momento della giornata il nostro corpo e i nostri organi lavorano meno efficacemente rispetto alla mattina, per questo motivo dobbiamo accingerci a consumare un pasto serale "da povero", cioè leggero e facilmente digeribile.

Dalle ventuno alle ventitré, Triplice riscaldatore: in questo momento, ci prepariamo per andare a dormire, dedichiamoci ad attività rilassanti che aiutino a conciliare il sonno, evitando di andare a dormire con il cibo sullo stomaco.

Dalle ventitré all'una, Vescica biliare: in questo orario si dovrebbe dormire, soprattutto in inverno è buona abitudine coricarsi presto.

Dall'una alle tre, Fegato: è importante dormire in modo profondo e senza risvegli notturni per nutrire l'energia del Fegato, che scende in profondità.

Per riassumere, possiamo dire che l'energia è sempre distribuita in tutti i canali, ma in queste due ore ben precise l'energia sarà maggiore in un determinato canale energetico rispetto agli altri. Nei dodici canali principali scorre prevalentemente energia Ying, l'energia nutritiva.

Arrivati a questo punto della lettura, forse vi starete chiedendo perché è necessario sapere queste cose per svolgere degli esercizi di Qi Gong. La risposta è facile. Conoscere alcuni precetti del grande campo di azione della Medicina Cinese ci aiuta ad avere una visione di insieme, olistica. Il Qi Gong è una disciplina che utilizza il corpo come strumento di azione sull'energia. L'azione del Qi Gong è differente da quella della ginnastica occidentale, il Qi Gong svolge un'azione energetica su più livelli e utilizza l'intenzione per raggiungere determinati stati. Questa disciplina è in grado di apportare velocemente benefici proprio perché essa è una "branca" della Medicina Cinese; conoscere alcuni concetti chiave dell'energetica ci aiuta a comprendere meglio come siamo fatti, inquadrare un sintomo che evidenzia uno squilibrio e, con il tempo, imparare a decifrarlo e correggerlo. Con queste conoscenze abbiamo la possibilità di osservarci con più attenzione. Se notiamo frequenti risvegli alle tre di notte, per esempio, potrebbe esserci una disarmonia dell'energia del Fegato. Oppure, se abbiamo un calo di energia in tarda mattinata, forse la nostra Milza non ha trovato le sostanze necessarie da assimilare nel primo pasto della giornata, e così via.

Il Qi Gong è una disciplina di auto trattamento che possiamo praticare da soli, sempre con maggior intenzione, precisione ed efficacia. Ciò non significa che sia possibile imparare da un manuale o da un video, ma che con l'ausilio di un'insegnante qualificato possiamo realmente farne un cammino di ascolto e riequilibrio della nostra persona e della nostra vita. Non è necessario imparare molte tecniche, ne è sufficiente una sola, ma e importante che sia praticata con intenzione e costanza per trarne reale profitto. Ricordiamoci che stiamo svolgendo un *Gong*, un lavoro meritorio sul nostro Qi.

3.4 I Canali tendino-muscolari Jing Jin

I diciotto esercizi taoisti della salute, come tutti gli esercizi di Qi Gong, lavorano sull'armonizzazione energetica globale. Questi hanno un'azione particolarmente favorevole per il benessere di ossa e muscoli; a tal proposito mi sembra importante parlare, anche solo se brevemente, dei canali tendino-muscolari, raccontandovi delle loro principali funzioni. Ricordando che la Medicina Cinese è una medicina d'insieme, quindi ci troveremo a tornare velocemente anche su alcune funzioni degli organi trattate in precedenza: le basi teoriche sono necessarie a comprendere le manifestazioni che vengono in luce attraverso il nostro corpo.

La parte in alto dell'ideogramma rappresenta due canne di bambù, alle quali viene associata la flessibilità, ma anche una crescita molto veloce, che viene scandita dai nodi del legno, ricordando figurativamente le articolazioni. La parte sinistra dell'ideogramma rappresenta la carne nella sua forma corporea materiale, la parte destra riproduce un muscolo o un tendine che lavora, rappresentando la forza.

La loro traduzione più corretta sarebbe "tendini e muscoli dei canali", il termine **jing** indica i dodici canali energetici principali, **Jin** sta a indicare i muscoli, i tendini, i legamenti. Questa traduzione ci fa capire che queste strutture energetiche sono in stretta relazione con i dodici canali principali, dei quali ricalcano il percorso e che si occupano dell'attività motoria e posturale del corpo. La loro capacità consiste nel difendere e portare sangue ed energia ai muscoli. Traducendo in maniera a noi comprensibile, portano nutrimento e forza.

Essi scorrono a livello superficiale, seguendo i canali principali dai quali prendono il nome. I canali tendino-muscolari occupano una parte più estesa rispetto ai dodici principali poiché vanno a ricoprire le catene muscolari e si ristringono quando raggiungono le articolazioni. Questi canali sono superficiali perché sono la difesa dalle energie patogene esterne, che come abbiamo visto in precedenza corrispondono alle energie climatiche: Freddo, Vento, Calore, Fuoco, Umidità e Secchezza.

Queste energie rimangono bloccate a livello superficiale per salvaguardare gli Zhang Fu, proteggono quindi gli organi e i visceri impedendo che il patogeno scenda in profondità, mantenendosi in superficie. Avete presente, soprattutto in estate, quando spesso si rimane bloccati con il collo o con la schiena per l'uso di ventilatori e climatizzatori che emettono aria fredda (vento-freddo)? In questo modo i jing jin impediscono che l'agente climatico perverso possa nuocere ai nostri organi più profondi, bloccandolo in superficie.

Il freddo è il patogeno esterno con il quale possiamo fare un semplice esempio perché i suoi effetti sono chiari a tutti. Il freddo, per la Medicina Cinese, impedisce la possibilità di cambiare, simboleggia il blocco. Pensate a quando si resta bloccati con la schiena, come vengono limitate e talvolta quasi del tutto impedite le capacità di movimento. La schiena viene percorsa centralmente da un canale energetico chiamato Vaso Governatore; questo vaso viene detto "Mare dello Yang", la nostra energia difensiva, la Wei Qi, che scorre principalmente nei canali tendino-muscolari: è un'energia Yang. Sulla colonna vertebrale si possono infatti individuare i traumi che abbiamo subito nella nostra vita, anche quelli emotivi. Lateralmente al canale Vaso Governatore ci sono i due fasci del canale della Vescica urinaria; se ricordate quanto abbiamo detto nei capitoli precedenti, la Vescica urinaria, come il Rene, teme il freddo. Le contratture che si vanno a verificare sulla schiena posso scaricarsi sulla colonna, rallentando il movimento del corpo, il fluire armonico della nostra vita e, ovviamente, la nostra Wei Qi.

I canali tendino-muscolari ci portano a soffermarci sul Vaso Governatore e sui disturbi della colonna. Attraverso una lettura psico-emotiva possiamo comprendere l'origine di questi traumi, soltanto attraverso la consapevolezza di ciò che ha causato il nostro "blocco" potremo uscire dalla condizione di arresto e sofferenza. I tendino-muscolari ci mostrano le nostre difficoltà affinché noi possiamo vederne la manifestazione sul corpo per poterle risolvere. Il Qi Gong svolge un'azione importantissima perché costruisce e amplifica le nostre capacità propriocettive, permettendoci di lavorare sul cambiamento con dolcezza; comprendere il legame tra il corpo e la mente è importantissimo e basilare per la nostra trasformazione. In tutte le tecniche di Qi Gong viene data molta importanza al respiro, attraverso cui si possono andare a sciogliere le tensioni muscolari e rinforzare la Wei Qi.

Questi canali sono molto importanti per l'azione posturale. L'attività muscolare che viene assunta, delineando una postura, è in relazione con l'energia difensiva Wei Qi; questa è un'energia istintiva e non controllabile: ad esempio, se qualcuno ci tira un oggetto per colpirci, istintivamente ci spostiamo. Allo stesso modo la nostra postura dà una risposta automatica agli stimoli, delineando una postura che talvolta può risultare scorretta. La qualità dei nostri movimenti riflette il modo in cui noi ci muoviamo nel mondo. Quindi è importante osservarci e osservare le persone come si muovono.

Il modo di muoversi e la postura dipendono anche dallo stato energetico del Fegato, che si occupa di inviare il sangue ai muscoli. Ricordiamo che, per la Medicina Cinese, il Fegato di notte stocca il sangue portandolo in profondità; quando gli occhi al risveglio vengono dischiusi, il Fegato dà all'occhio la possibilità di vedere e porta il sangue ai quattro arti, dandoci la possibilità di movimento.

Anche l'energia del Polmone sarà coinvolta, in quanto governa la Wei Qi, l'energia che scorre in maniera principale in questi canali.

La Milza viene chiamata in causa perché controlla la forma, dando tono al muscolo. Una buona muscolatura è indice di una Milza che funziona bene e che trova il nutrimento necessario per trasformare l'energia.

Capite come la visione dell'essere umano nel suo intero sia importante e come le manifestazioni energetiche si esprimono in noi, anche attraverso la postura e il movimento; per questo il Qi gong ha un'azione equilibrante su tutto l'organismo nel suo insieme psico-corporeo.

3.5 I Canali distinti Jing Bie zheng

I Canali distinti trasportano principalmente la Wei Qi, essi collegano la superfice con la profondità. Seguono il legame Biao Li (per esempio, Polmone-Grosso intestino; Reni-Vescica urinaria) che abbiamo visto in precedenza. Il loro compito è quello di deviare i fattori patogeni verso le articolazioni, quando i fattori patogeni riescono a superare la nostra difesa più esterna essi dirottano il patogeno alle articolazioni. Questi canali impediscono che il patogeno vada a colpire profondamente gli Zangh Fu; il dolore delle articolazioni sta a indicare che le nostre prime difese sono cadute e la Wei Qi ha trovato una strategia per difendersi. Quando il patogeno continua ad avere la meglio, verranno colpiti i visceri e infine gli organi. Questo tipo di disturbo sembra insorgere senza una causa apparente come un trauma, ed è il segnale che la nostra Wei Qi è stata colpita. A differenza dei canali muscolotendinei, il loro percorso rispetto ai canali principali è differente, essi nascono dal canale principale di cui portano lo stesso nome. La loro partenza si situa sul ginocchio, la spalla o l'anca, tranne quello del Fegato, che inizia internamente alla gamba. I Canali Distinti si approfondiscono verso l'organo interno.

3.6 Il dolore nella Medicina Cinese

L'essere umano è un complesso sistema di corpo mente, respiro ed emozioni, di rapporto e continuo scambio tra il microcosmo e il macrocosmo. Quando c'è armonia il Qi può scorrere liberamente e si è in uno stato di salute. Il rallentamento della circolazione energetica o un blocco fanno sì che il sintomo più riconoscibile di tutti si manifesti: il dolore.

Il dolore è appunto un sintomo, non una malattia: è il segnale che l'equilibrio si è perduto. Risolvere il dolore attraverso il Qi Gong e, in generale, con la Medicina Cinese non significa prendere una pillola al fine di sopprimere il sintomo, significa lavorare sullo squilibrio di fondo per riportare il Qi a una corretta circolazione. Il dolore prolungato o ripetuto nella nostra vita sicuramente porta a vivere male, con ansietà e senso di impotenza, e addirittura quando non si trova una causa fisica ci getta in uno stato di sconforto, rassegnazione e isolamento. Per la Medicina Cinese il dolore ha sempre una spiegazione: si tratta di un blocco, dove c'è dolore Qi e Sangue non scorrono.

Il dolore, come la maggior parte di noi avrà avuto modo di sperimentare nella propria vita, non è sempre uguale, ci sono diversi tipi di dolore, e ogni tipo di dolore può essere inquadrato in un determinato quadro energetico. I fattori climatici come Freddo, Vento, Umidità sono spesso i responsabili dei dolori osteo-articolari. Come abbiamo visto in precedenza, il vento è di natura Yang, leggero e volatile, la sua caratteristica è una forza di movimento, difatti i dolori da vento sono quelli che tendono a migrare: prima fa male un ginocchio, poi un'anca e poi, ad esempio, una spalla. All'opposto, un dolore da freddo, di natura Yin, sarà fisso e profondo. Imparare a riconoscere il tipo di dolore può dare delle informazioni molto utili per la sua risoluzione. Un buon insegnate di Qi Gong e Medicina Cinese sarà in grado di fare una valutazione energetica, prima di iniziare il percorso di apprendimento e di pratica. Il requisito fondamentale per lavorare sullo stato doloroso è il rilassamento di corpo e mente; una mente non potrà essere rilassata se il corpo è contratto e il corpo contratto non potrà distendersi se la mente è agitata, sarà necessario tornare a essere Unità.

Capitolo 4

Il rilassamento

4.1 Il rilassamento

Nel Qi Gong il rilassamento è fondamentale per la buona riuscita degli esercizi e per ottenere buoni risultati. Per l'energetica cinese ogni espressione di noi è espressione di energia. Il nostro corpo è rappresentazione di un'energia più densa e materica, mentre la mente è la rappresentazione di un'energia più sottile. Come lo Yin e lo Yang, la mente e il corpo sono due energie opposte e complementari, due facce di una stessa medaglia. Il rilassamento dovrà quindi riguardare il corpo e la capacità di rilassare la muscolatura, ma anche la capacità di rilassare la mente; una cosa non potrà accadere senza l'altra. Non sarà possibile avere una mente agitata e un corpo rilassato, perché il corpo avvertirà l'agitazione e tenderà i muscoli come se ci fosse un pericolo imminente; allo stesso modo, se la nostra muscolatura è contratta, la mente lo avvertirà come un segnale di pericolo. Possiamo fare un esempio di semplice comprensione perché è un atteggiamento comune a molti: le spalle contratte. Un po' per il lavoro al computer che costringe a passare molte ore seduti, ma ancor di più la contrazione delle spalle rivela un aspetto emotivo. Stringere le spalle e sollevarle verso l'alto diviene un atteggiamento posturale cronico indipendente dalla nostra volontà cosciente, che somma e rappresenta un insieme di disagi. La nostra mente e il nostro corpo sono un'unica cosa, l'uno espressione dell'altra e questi non possono essere scissi. Quindi dovremmo essere in grado di ricercare il rilassamento completo di psiche e soma. Per la Medicina Cinese, quando la nostra muscolatura è contratta proviamo dolore, poiché Sangue e Qi non riescono a passare. Possiamo iniziare a pensare che un atteggiamento rilassato svolge di per sé un'azione antalgica.

Gli effetti del rilassamento sono molti e si ripercuotono in concreto sulla nostra salute, mostrando una maggiore resistenza allo stress. Quando iniziamo a rilassarci migliora la qualità del sonno, possono diminuire alcuni tipi di mal di testa, anche i disturbi digestivi ne traggono vantaggio, la respirazione migliora, come la circolazione e la pressione arteriosa, e così via. Quando siamo rilassati ci ammaliamo di meno, perché si va a rinforzare il terreno di fondo sul quale poggia la nostra salute.

Nella pratica del Qi Gong, il rilassamento, soprattutto per i principianti, viene scandito con dei tempi ben precisi prima di procedere alla tecnica scelta. Chi invece è abituato a ricercare questo stato riuscirà sempre di più a mantenerlo durante tutto l'arco della giornata, ma soprattutto grazie alla capacità di propriocezione riuscirà a recuperarlo più velocemente in base alle necessità.

Per questi motivi è necessario iniziare la nostra pratica degli esercizi soltanto dopo che ci siamo centrati e rilassati.

4.2 Il rilassamento attivo

Quando si pensa al rilassamento, l'immagine è quella di una persona sdraiata. Nelle pratiche psico-corporee cinesi questo generalmente non avviene, in quanto la posizione eretta è la posizione della persona in salute, ci si corica quando si è stanchi o ammalati. È necessario imparare a rilassarsi in posizione ortostatica. Si scoprirà in questo modo una nuova modalità di rilassamento che ci permetterà di raggiungere uno stato di quiete in ogni momento della giornata e in ogni luogo, una capacità alla quale potremo attingere ogni volta che ne sentiremo la necessità.

Il rilassamento è quindi un rilassamento attivo, vigile, una modalità che insieme alla capacità di rilassamento esercita un importante lavoro posturale.

I cinesi esprimono il rilassamento attivo con l'espressione "fang song gong", dove "fang" significa fare, "song" significa rilassamento e "gong" significa lavoro. Potremmo pensare al rilassamento attivo come a una vera e propria pratica di Qi Gong sulla quale esercitarsi per acquisire competenze e risultati. Il trucco nella riuscita è quello di aumentare sempre più la capacità di ascolto, per poter percepire quali sono le zone contratte, ad esempio le spalle o la schiena, poiché solamente percependo la contrazione saremo in grado di portare la nostra attenzione su quell'area e, attraverso la nostra intenzione, rilassarla.

Attraverso il rilassamento attivo si impara come utilizzare il minimo sforzo muscolare per mantenere il corpo in piedi e in equilibrio, risparmiando così molta energia. Siamo abituati a utilizzare molta più forza di quella che ci serve, dal concetto di forza il passaggio allo sforzo diventa veloce. Possiamo definire la società moderna come la società dell'accumulo e questo si ripercuote nella nostra mente e, inevitabilmente, nel nostro corpo. Siamo profondamente influenzati da quelli che sono i dettami del "benessere", così abbiamo tanto di tutto: tanti capi d'abbigliamento, tanto cibo in frigo che spesso non riusciamo a consumare, tanti impegni da ottemperare, cene, aperitivi, divertimento, lavoro. In realtà, senza che ce ne accorgiamo, viviamo in un surplus che non fa altro che consumare la nostra energia fisica e mentale, pensando che sia "benessere" e aumentando la capacità di sforzo. Il pensiero cinese, invece, ci insegna a fare spazio al "vuoto". Il "vuoto", nella nostra concezione occidentale, viene associato a una connotazione negativa, stando a significare una mancanza, una carenza, uno spazio da riempire. Si rende opportuno comprendere il valore del vuoto che ci permette meravigliose opportunità di ricezione e di scoperta.

Quando parliamo di vuoto facciamo riferimento allo stesso concetto che abbiamo visto in precedenza parlando del Cuore. Quindi, dalla pratica del rilassamento attivo impariamo a lasciar andare le tensioni, a portare il vuoto nella nostra mente, a calmare il brusio di fondo dei pensieri e a staccare la spina. La nostra "mente-cuore" possiamo immaginarla come un lago. Quando il lago viene increspato dal vento, l'acqua è torbida e non siamo in grado di vedere il fondo. Quando, invece, il sole splende e l'acqua diviene calma, il lago diventa uno specchio d'acqua che riesce a riflettere, ad "accogliere" ogni cosa che gli è intorno, lasciandoci vedere il fondale. La nostra mente dovrà diventare un lago sereno, lasciando scorrere via tutti i tumulti che disturbano il Cuore.

Il primo passo per ricercare un rilassamento completo viene dalla buona postura, che i cinesi chiamano "regolare il corpo", **Tiao Shen**. Soltanto con un corpo rilassato Qi e Sangue potranno scorrere armoniosamente. Si parte in piedi con le gambe unite, il piede sinistro si separa dal destro tanto da avere l'apertura dei piedi alla stessa distanza delle spalle. Per ottenere un effetto rilassante si partirà dal posizionamento della testa, portando l'attenzione sul punto più alto, in corrispondenza del punto Baihui "cento riunioni" Vaso governatore 20, e lo faremo ben aderire al Cielo. La posizione degli occhi è leggermente sotto l'orizzonte: questo permette di arretrare il mento e distendere bene la zona cervicale. Si rilassa il cuoio capelluto, la fronte, distendendo bene tutte le rughe, soprattutto quelle tra le sopracciglia, si rilasseranno gli occhi che saranno chiusi. Si rilassa il naso portando l'attenzione sull'aria che entra e che esce dalle narici, si rilassano le labbra e l'interno della bocca, i denti sono chiusi ma non sono serrati e la punta della lingua poggia delicatamente dietro gli incisivi superiori. Si rilassano il collo e le spalle, lasciamo che tutti i pesi che ci portiamo sulle spalle diventino più leggeri a ogni respiro, e a ogni respiro rilassiamo tutta la zona scendendo per le braccia, portando l'attenzione sui gomiti, sugli avambracci e sui polsi. Rilassare le articolazioni è molto importante perché permette all'energia di scorrere. Portiamo l'attenzione alle mani, al dorso delle mani e rilassiamo le dita fino alla punta, infine rilassiamo il palmo e il centro del palmo della mano. Giunti a questo punto, è possibile che le mani si scaldino e tutto il corpo provi una piacevole sensazione di calore. Portiamo l'attenzione al respiro, che è divenuto calmo e profondo, e sempre respirando rilassiamo la schiena, la zona dorsale e poi quella lombare, fino al coccige. Rilassando i glutei, le ginocchia si fletteranno un pochino dandoci una sensazione di maggiore stabilità. Portando ancora l'attenzione al respiro, rilassiamo il petto e l'addome, lasciamo che l'addome si gonfi e si sgonfi naturalmente, senza forzare. Rilassiamo l'inguine e le cosce, le ginocchia e i polpacci, fino alle caviglie. Arrivati sui piedi, rilassiamoli fino alle dita e, sentendo bene l'appoggio del piede a contatto con la terra, lasciamo uscire delle grandi e profonde radici dal centro dell'avampiede e lasciamole scavare nella terra, trovando un senso di radicamento, di forza ed energia. Rimaniamo ancora per due o tre respiri in questo stato, poi potremo delicatamente aprire gli occhi.

In questo modo abbiamo portato l'attenzione su moltissime parti del nostro corpo, come solitamente non si è abituati a fare. Durante il rilassamento, che non deve durare meno di dieci minuti, molto spesso si verificheranno sbadigli, perché il nostro cervello sta rallentando e cambiando le frequenze; anche se, orologio alla mano, saranno passati solo dieci minuti, ci sembrerà di aver riposato molto più tempo, apprezzandone sempre più i benefici. Questo viaggio nelle varie zone del corpo permetterà di fare un lavoro minuzioso e protratto sulla postura. Facendo esperienza, vi accorgerete di come corpo e mente siano in continua unione.

4.3 Il respiro, possibilità di trasformazione ed equilibrio

La nostra vita si sviluppa e si racconta attraverso i nostri respiri. Con la prima inspirazione veniamo al mondo e con un'espirazione lasciamo le spoglie mortali. Gli orientali dicono che nella nostra vita ci siano donati un certo numero di respiri, sta a noi respirare più lentamente possibile.

La funzione del respiro non ricopre soltanto un'attività diaframmatica più o meno accentuata, un'azione meccanica, bensì prima ancora è espressione sottile dei soffi.

Pur volendo rimanere in una zona dedicata all'informazione, mi sembra importante dedicare una parentesi alle anime vegetative che sono il Cuore della Medicina classica cinese.

Per far riferimento alla vita e al respiro stesso, andremo a guardare più da vicino il Polmone nell'ottica della Medicina Cinese, ma sarà opportuno fare un passaggio anche sul Fegato in quanto è nel Fegato che dimora un'anima vegetativa legata al Polmone.

Se l'organo "Zang" rappresenta la parte più Yin, cioè più interna e più materiale del nostro corpo, facendo riferimento al simbolo del Taiji, dove gli opposti sono sempre complementari e manifestazione di equilibrio, sappiamo che dove ci sarà una parte materiale sarà presente anche una parte leggera, spirituale e questa è incarnata dagli Shen, gli spiriti che guidano la nostra vita.

Gli Shen sono le anime vegetative chiamate generalmente "spiriti", che abitano l'ambiente e l'essere umano. Gli Shen controllano sia la sfera psico-emozionale sia quella materiale-corporea degli uomini. Quando abbiamo parlato del Cuore abbiamo parlato dello Shen, lo spirito del Cielo che viene ad abitare il Cuore portando la gioia. Lo Shen, attraverso l'azione del sangue, viene trasportato agli organi dove in ognuno dei cinque "Zang" prenderà una sfumatura differente. Noi parleremo della coppia dei Po e degli Hun poiché la loro unione rappresenta la vita e la loro separazione rappresenta la morte. Essendo gli Shen argomento molto vasto e assai sfumato, ne parleremo per ciò che potrà essere utile a noi.

Gli Hun sono tre, appartengono al Cielo e prendono dimora nel Fegato.

Queste sono energie volatili, leggere e dinamiche che hanno la propensione a tornare verso il Cielo, in alto da dove vengono. Sono gli Hun a dare la capacità della "visione" con le loro caratteristiche e manifestazioni oniriche e immaginative; sono legati alla conoscenza e alla spiritualità. Si radicano nel sangue e per questo motivo sono di pertinenza del Fegato, pur essendo di natura Yang.

I Po sono sette, appartengono alla Terra e dimorano nel polmone. Sono anime vegetative stabili, che fanno riferimento alle capacità primordiali e sono legati all'aspetto più materiale, al corpo e al sangue. Essi sono legati ai processi istintivi e vitali. Si radicano nel Polmone perché è il signore dei Soffi e trovano il bilanciamento alla loro natura terrena.

Gli Hun sono donati dal padre e i Po dalla madre al nascituro. Essi nella vita renderanno possibile un equilibrio dinamico e armonico tra lo Yin e lo Yang. Alla morte, gli Hun torneranno nel Cielo e i Po torneranno alla Terra. Così questa coppia di anime vegetative nella nostra vita saranno i direttori d'orchestra. Con l'esalazione dell'ultimo respiro gli Hun saranno i primi a tornare al Cielo, i Po torneranno alla Terra. Entrambi torneranno al Cosmo.

Se immaginiamo la nostra vita come una ininterrotta onda di respiri, come le onde di risacca sulla battigia, tra il ritrarsi e l'avanzare, il nostro respiro diventerà rappresentazione dello Yin e dello Yang, e quelle pause tra un respiro e l'altro sono l'input del rinnovamento e della trasformazione. Lasciamo che tutta la nostra vita sia rappresentazione di un respiro fluido, armonico ininterrotto in comunione con il Cielo e la Terra, con tutto il creato.

Il sistema respiratorio

Ti sei mai accorto di quante volte respiri in un minuto?

Probabilmente no, perché per fortuna la respirazione è una capacità autonoma, involontaria. Ogni minuto respiriamo circa quindici volte, pensate quante volte respiriamo in un giorno o in tutta la vita. Andiamo a vedere velocemente come funziona il nostro sistema respiratorio.

"Immagina un albero. Quest'albero ha un tronco lungo e sottile che termina dividendosi in due rami, i quali a loro volta si suddividono in rami sempre più piccoli, fino a diventare quasi impercettibili alla vista. Questi minuscoli rametti finali sono abbelliti da graziosi mazzetti di boccioli, formando le due distinte chiome dell'albero. Ora immagina di vedere questo albero capovolto, con la chioma rivolta in basso e la base in alto. Ecco che appare un semplice ma poetico apparato respiratorio.

L'apparato respiratorio è composto da vie aeree (il tronco) e dai polmoni (le chiome). Le vie aeree sono composte da varie strutture che, partendo dall'alto, sono: il naso (in cui si distinguono cavità nasali e seni paranasali), la faringe, la laringe, la trachea che si divide nei due bronchi principali, che a loro volta si suddividono in bronchi più piccoli formando – guarda caso – l'*albero* bronchiale.

La funzione delle vie aeree è di permettere il regolare passaggio dell'aria dall'esterno verso i polmoni, durante l'inspirazione, e dai polmoni verso l'esterno, durante l'espirazione. Dobbiamo quindi immaginarli come dei condotti vuoti che per restare sempre aperti richiedono un sostegno, fornito da uno scheletro osseo e cartilagineo.

I polmoni sono gli organi dove avviene lo scambio gassoso tra il sangue, che cede l'anidride carbonica e l'ossigeno ambientale inspirato. Nello specifico, questo scambio avviene a livello degli alveoli, piccole cavità avvolte da una fitta rete vascolare. Per permettere che questo processo avvenga efficacemente, la parete degli alveoli è sottilissima (si parla di 1 micron di spessore, che corrisponde a un milionesimo di metro) ed è a diretto contatto con la parete dei capillari che contengono il sangue da ossigenare".

(dottoressa Fiorella Evangelista)

Il Polmone in Medicina Cinese

Quando si parla di Qi Gong, si parla di respiro, per questo dedicheremo al Polmone uno spazio privilegiato all'interno di questo testo. Abbiamo già parlato della respirazione fisiologica, parleremo ora delle caratteristiche energetiche di questo Zang. Osservando l'ideogramma nella prima parte, troviamo la raffigurazione di "carne", mentre nel secondo ideogramma troviamo rappresentata una pianta ricca di rami che diffonde il suo profumo. Allo stesso modo di come un profumo riempie gli spazi muovendosi nell'etere, così il Polmone diffonde il Qi nel nostro organismo.

Il Polmone si lega all'aria, ai soffi, a ciò che c'è di più sottile, ma come abbiamo visto in precedenza è anche sede dei Po che si radicano alla terra.

La carica del Polmone, il "Maestro del Qi", è quella di "ministro e cancelliere, emana la regolazione delle trasmissioni" (SW, cap. 8).

È pertinenza del Polmone governare il Qi, esso lo assimila dall'aria e dal sole attraverso la pelle che è la prima difesa del nostro organismo. Per la Medicina Cinese il Polmone non si limita soltanto all'atto respiratorio come una funzione meccanica e fisiologica, non dobbiamo pensare solo all'aria che respiriamo attraverso le narici, la pelle è di pertinenza del Polmone e noi dobbiamo pensare di respirare anche attraverso questa struttura anatomica, in modo che ogni nostra cellula possa rigenerarsi continuamente a ogni respiro.

Questo contatto continuo con l'esterno rappresenta anche il modo in cui noi ci rapportiamo con il mondo, la relazione con gli altri. Pensate al modo di dire "questa persona non mi piace, lo sento a pelle!". La pelle è quindi rappresentazione del modo di percepire ciò che è intorno a noi, il primo filtro.

Il Polmone assimila il Qi puro del Cielo attraverso gli orifizi del viso, le narici e la pelle, distretto collegato al Polmone nella Medicina Cinese. Energeticamente, attraverso il respiro assorbiamo il Qi del Cielo. Il Qi Celeste che abbiamo assimilato contribuisce alla formazione dell'energia interna unendosi all'energia di Milza che estrae i nutrienti dal cibo. Il Qi del Cielo e il Qi di Milza si dirigono al Cuore, formando in questo modo la Zong Qi, il Qi del Petto. Questa energia circolerà successivamente in tutti i canali energetici come Zheng Qi una volta unitasi all'energia dei Reni. Il Polmone diffonde il Qi in tutto l'organismo e spinge anche il Sangue; Sangue e Qi sono inseparabili, il Sangue veicola il Qi e il Qi spinge il Sangue in ogni distretto corporeo per nutrirlo; pensate ancora al rapporto tra Hun e Po, tra Polmone e Fegato. Il Polmone viene anche chiamato "tetto degli organi" poiché è quello che si posiziona più in alto, il Qi del Cielo che viene ispirato si dirige dal torace all'addome e, una volta trasformato, il Qi viene diffuso in tutto l'organismo con l'espirazione.

Il Polmone è anche sede delle nostre memorie e dell'istinto, governa tutti gli automatismi del corpo, quelli istintivi e quelli acquisiti. Per istintivo si intende un bambino appena nato che cerca il nutrimento della madre per alimentarsi, per acquisito si intende una memoria fatta di esperienza; per fare un esempio, "cadendo mi faccio male, cado ancora e mi faccio male nuovamente": attraverso il ripetersi dell'esperienza avrò compreso che cadendo sarà possibile sbucciarsi le ginocchia. Dalle conseguenze ripetibili di un'azione andrò a costruire l'automatismo dettato da un'esperienza. Dal Polmone vengono le nostre memorie acquisite e istintuali, la ripetitività degli schemi, gli automatismi.

L'insegnamento importante che il Polmone ci offre è che le abitudini possono essere modificate proprio come si può imparare a modificare e controllare il respiro durante la pratica degli esercizi di Qi Gong, allo stesso modo di come i polmoni si riempiono e si svuotano.

Quando parliamo di questa energia, parliamo del movimento del Metallo e della sua capacità contrattiva, facendo riferimento ai cinque movimenti della Medicina Cinese, che rappresentano differenti qualità energetiche chiamate "movimenti" o più comunemente "elementi". Il Metallo si lega alla stagione dell'autunno, incarnandone appunto il movimento del contrarsi, del ritirarsi all'interno; in questa stagione le ore di luce iniziano gradatamente a diminuire, le temperature scendono, la voglia di stare fuori all'aria aperta piano piano diminuisce e nasce il desiderio di rincasare e di passare dei momenti di introspezione e di intimità. L'emozione associata al Polmone è la tristezza in tutte le sue sfumature, inclusa la sensibilità. L'autunno simboleggia il momento di guardarsi dentro e lasciare andare ciò che non è più salutare per noi, proprio come gli alberi lasciano dolcemente cadere le foglie per prepararsi ad affrontare l'inverno e riprendere la vestizione vegetativa in primavera con grande forza e vitalità.

Spero che, arrivati a questo punto, si sia ben compreso cosa vuol dire respiro nel Qi Gong, quale vasto e profondo ruolo abbia con tutte le sue correlazioni. Tutti noi respiriamo, sarà il modo di respirare che farà la differenza nelle nostre vite.

Capitolo 5

Lian gong shi ba fa

5.1 I diciotto esercizi taoisti della salute

I diciotto esercizi taoisti della salute sono una sequenza ideata negli anni Settanta da Ming Zhuang Yuan. La sequenza trae le sue fondamenta dalla conoscenza della Medicina Cinese e della medicina ortopedica, dalle tecniche di Qi Gong classiche e dalle arti marziali. Questi esercizi di semplice esecuzione sono in grado di migliorare la salute di tutto il corpo, in particolare sono in grado di alleviare i dolori di collo, spalle e gambe in pochi mesi di pratica. Per la loro semplicità possono essere praticati anche in età matura in quanto non necessitano di particolari abilità fisiche.

Questi esercizi si sono diffusi primariamente a Shangai dove, nel 1973, venivano praticati da centomila persone. Questa tecnica di Qi Gong ha la capacità di migliorare lo stato di salute e soprattutto ha una forte capacità di prevenzione e di mantenimento della salute psico-fisica. Il Gran Maestro Li Rong Mei li ha introdotti in Europa e nella sua scuola di Taiji Quan rendendoli parte integrante delle lezioni. Io ho avuto la fortuna di conoscere e apprendere questi esercizi dal Maestro Nazzareno De Cave, che si è formato presso la scuola di Taiji Quan del Maestro Li Rong Mei.

Questa preziosa tecnica viene tramandata da insegnate ad allievo come base di un corretto e completo scioglimento articolare, in grado di preparare il corpo all'esecuzione dello studio del Taiji Quan; per i suoi grandi effetti benefici su ossa e muscoli, si dimostra una tecnica di Qi Gong completa che può essere praticata in forma esclusiva. Gli esercizi possono essere praticati nella sequenza completa oppure possiamo selezionarli in base alle nostre esigenze. Questo è bene specificarlo in quanto alcuni esercizi di Qi Gong debbono necessariamente essere praticati nell'intera sequenza, come ad esempio la tecnica "dei sei suoni mantra", altrimenti ne verrebbe uno squilibrio energetico.

I diciotto esercizi taoisti della salute sono un vero toccasana per ossa e muscoli, che ci consentono di creare anche una nostra sequenza ideale in base alle specifiche esigenze e al tempo che si ha a disposizione. Ad esempio, dopo ore passate al computer possiamo sciogliere il collo e le spalle con il primo gruppo di esercizi e così via.

Gli esercizi vengono divisi in tre gruppi da sei: il primo gruppo interessa la parte alta del corpo, **il collo e le spalle**, il secondo interessa la **schiena e bacino** e l'ultimo le **anche e le gambe**. Eseguendo tutta la sequenza sarà possibile lavorare sull'intero corpo in modo di portare un equilibrio e un'armonia totali. In internet sarà facile trovare la musica cinese appositamente creata per guidare il ritmo degli esercizi, in alcune versioni è prevista anche la guida vocale, in questo caso il ritmo degli esercizi sarà abbastanza sostenuto e sarà necessario svolgere la sequenza completa.

Soprattutto nella prima fase di apprendimento suggerisco di portare l'attenzione sul respiro e sul movimento del corpo, cercando di capire se il nostro respiro è regolare oppure si blocca facendoci rimanere qualche secondo in apnea. Con la pratica del Qi Gong iniziamo un cammino all'ascolto di noi stessi, osserviamoci senza giudicarci. L'importante sarà respirare in maniera naturale, la combinazione del movimento al respiro verrà piano piano, quando avremo acquisito maggiore consapevolezza.

Il secondo punto di attenzione sarà quello di ascoltare il corpo, questo sarà più facile nel caso in cui alcuni movimenti provocassero dolore. Il dolore è sempre il segnale che dobbiamo fermarci, il movimento non dovrà mai causare dolore. Soffermiamoci sulle sensazioni, scopriamo il nostro corpo così come si osserva un paesaggio in un'escursione in montagna, con curiosità e piacere. Cerchiamo di partire con movimenti delicati e rispettosi delle nostre attuali possibilità, di capire se abbiamo difficoltà a fare un movimento o se l'esecuzione è fluida e naturale. Il Qi Gong è anche una capacità di ascolto e di dialogo con se stessi. Il nostro corpo ci racconta chi siamo, ci invia dei segnali che dobbiamo imparare ad ascoltare e comprendere; prima impareremo ad ascoltare il corpo ed entrare in una condizione di amore e di rispetto, più eviteremo di giungere a situazioni di disagio o di dolore.

Come in tutti gli esercizi di Qi Gong, per i diciotto esercizi taoisti della salute possiamo anche qui affermare che il lavoro energetico è di armonizzazione globale. In questo libro, a ogni esercizio sarà descritta l'azione energetica principale in base al lavoro sui meridiani o su alcune zone in particolare. **Questi esercizi si mostrano particolarmente indicati per i disturbi osteo-articolari, essendo in grado di rilassare la muscolatura, donare tonicità, allineare la postura e migliorare l'equilibrio.** Ovviamente i risultati saranno evidenti anche in base al nostro stato di partenza, ciò che è importante considerare è che ognuno di noi con la pratica riuscirà a ottenere dei miglioramenti, superando di volta in volta degli obiettivi e piccoli grandi traguardi. **Ogni esercizio sarà illustrato dalle foto che rappresentano le principali posizioni dei movimenti.** Ricordiamo che queste guide sono da intendere come supporto didattico, che non esclude la supervisione e la guida di un Maestro; pertanto, prima di iniziare la pratica degli esercizi, è necessario effettuare una visita medico-sportiva.

5.2 Prima serie: collo e spalle

La prima serie di esercizi si prendono cura del collo e delle spalle. Nella nostra società, sono sempre più frequenti i disturbi di questa zona. Il collo simbolicamente rappresenta il ponte che collega la nostra sfera mentale, "la testa", all'azione, "il corpo". Inoltre, il lavoro sedentario al computer ci porta spesso ad assumere posture errate che tendono a creare fastidi in questa zona. Anche l'uso protratto dello smartphone può portare fastidi al collo e alle braccia, coinvolgendo talvolta anche le dita. Generalmente le contratture di questa zona tendono a cronicizzare, un po' come la sindrome della borsa sulla spalla. Ci avete mai fatto caso che spesso le donne hanno una tendenza a sollevare una spalla più dell'altra? Quella più alta è quella dove viene posta la tracolla! Il nostro corpo è fatto di memorie stratificate, di pensieri che hanno preso forma e dimora nei nostri muscoli, per questo bisogna sempre essere gentili e pazienti con se stessi.

Primo esercizio
1.1 Rinforzare e sciogliere il collo "jing xiang zheng ri"

In posizione eretta, con le gambe divaricate alla larghezza delle spalle, le ginocchia sono rilassate e la colonna vertebrale è distesa, con il coccige bene affondato verso il basso in modo di distendere la colonna. Si poggeranno le mani sui fianchi, con i pollici rivolti verso la schiena. Girare la testa a sinistra e poi a destra, tornare con la testa al centro, poi andare in alto, senza schiacciare le ver-

74

tebre cervicali, e in basso, con l'intenzione di toccare il mento sul petto. I movimenti si eseguono lentamente e con dolcezza, non si deve mai avvertire dolore. Questo esercizio interessa i muscoli del collo e ne scioglie la rigidità. Il collo è un punto molto delicato, simbolicamente è il nostro collegamento della sfera mentale con il corpo. Questa zona è soggetta a posture errate soprattutto per tutte le persone che lavorano molte ore al computer.

Azione energetica principale. La testa è intessuta da una fitta rete di canali energetici, questo esercizio apparentemente molto semplice è capace di mettere in circolo molta energia. Con questo esercizio lavoriamo sulla capacità di osservazione attraverso lo sguardo. La posizione degli occhi regola la postura della parte superiore del corpo. L'atto di guardare ci indica la direzione da prendere, gli occhi guidano il movimento della testa, essi per la Medicina Cinese sono l'orifizio del Fegato, quindi con questo esercizio rafforzeremo la vista e la capacità di fare progetti. Inoltre, volgendo il capo lateralmente, andiamo a lavorare sul canale di Vescica biliare che scorre sia sulla testa che lateralmente al nostro corpo, aiutandoci a prendere la giusta direzione nelle nostre scelte. Viene chiamato in causa anche il Triplice riscaldatore, che anch'esso passa lateralmente al collo terminando con la circonduzione dell'orecchio, molto utile in questi punti per espellere il vento interno. Portando invece il collo verso l'alto e leggermente indietro, andremo a lavorare su Vaso Concezione, che è detto Mare dello Yin e scorre sulla linea mediale anteriore del corpo e sul canale di Stomaco, liberando in questo modo le tensioni del volto. Nella flessione in avanti del capo, andiamo a stirare il canale che corre posteriormente alla schiena, il Vaso Governatore che viene detto Mare dello Yang. Lavoreremo, inoltre, anche sul canale di Vescica urinaria. Questo esercizio si mostra utile per il mal di collo, il mal di testa e i disturbi degli occhi.

Secondo esercizio
1.2 Rinforzare le spalle o tendere l'arco "zou you kai gong"

Portare le braccia con i palmi aperti all'altezza del viso, i palmi delle mani si guardano. Aprire le braccia a candeliere lateralmente e chiudere dolcemente i pugni senza serrarli completamente, guardarci all'interno voltando prima la testa a sinistra e nel movimento successivo a destra. Ripetere il movimento alternandolo, due volte per ogni lato. In questo esercizio bisogna fare attenzione a mantenere le spalle basse, nel movimento di apertura si inspira chiudendo morbidamente i pugni, mentre in quello di chiusura si espirerà portando le mani nella posizione iniziale; la testa ruoterà guardando prima verso sinistra e al movimento successivo verso destra, per poi tornare centrale ogni volta. Sono interessati i muscoli del collo, delle spalle, del dorso e delle braccia. Attenzione a non inarcare la zona lombare nel momento dell'apertura delle braccia. Gli occhi seguono il movimento delle mani, in questo modo si eserciteranno anche i muscoli degli occhi.

Azione energetica principale. Con questo esercizio andremo ad apportare un movimento favorevole allo scorrimento energetico dei canali Yin delle braccia, il canale di Cuore, il canale del Ministro del cuore e del Polmone. I benefici che otterremo saranno uno stato di rilassamento e di quiete che ci permetterà di rendere più lungo e morbido il respiro. Attraverso il movimento di chiusura e apertura dei pugni, andremo a mobilitare il Qi delle mani, in particolare dei punti pozzo che si trovano sulla sommità delle dita e sono un vero e proprio attivatore energetico, molto utile per chi soffre di mani fredde e/o passa molte ore al computer. Nel momento di espansione, viene attivato un punto molto importante, Shanzhong "Centro del petto" Vaso concezione 17, che si trova al centro del petto: questo punto regola il Qi, apre il respiro eliminando il senso di oppressione al torace. Nella parte Yang del corpo, la schiena, si attiva il canale di Vescica urinaria: alcuni dei suoi punti situati in questa zona sono capaci di rilassare la parte delle spalle, ammorbidendo la muscolatura e alleviando i dolori dorsali.

Terzo esercizio
1.3 Estendere entrambe le mani "shuang shou shen zhan"

L'esercizio inizia con le braccia piegate, i gomiti bassi e le mani chiuse in un morbido pugno. Si distendono le braccia verso l'alto e le mani si aprono con la punta delle dita protese verso il cielo, per poi piegarsi nuovamente e tornare nella posizione di partenza. La testa segue una volta la mano sinistra e una volta la mano destra. Ripetere il movimento per quattro volte. Quando si sollevano le braccia, si inspira distendendo tutta la colonna e affondando bene il coccige. Questo esercizio agisce sui muscoli delle spalle, del collo, del dorso, delle braccia e del bacino.

Azione energetica principale. In questo esercizio abbiamo un grande lavoro dei canali delle braccia e delle mani, in particolare i canali Yang Triplice riscaldatore e Grosso intestino. Come negli esercizi precedenti, si attivano i canali laterali del collo e della testa. Questo esercizio lavora sulle difese immunitarie e sull'armonia degli organi. Una grande azione energetica possiamo trovarla sulla schiena, proprio sopra la colonna scorre il canale Vaso Governatore, uno dei primi meridiani che viene a formarsi nell'embrione. Lateralmente a esso troviamo il canale di Vescica urinaria, che è il meridiano più lungo, presenta ben 67 ago punti. Se osserviamo questo canale, potremmo renderci conto di come spesso i dolori che partono dalla schiena e si irradiano alle gambe possano seguire questo percorso. Se abbiamo sperimentato questo tipo di fastidio, possiamo chiederci: quali pesi sto sopportando? Oppure, possiamo entrare in ascolto della nostra paura, forse non ce ne rendiamo conto, ma viviamo la nostra vita con timore, magari abbiamo subito uno shock che non si è risolto e il permanere di queste emozioni potrebbe bloccare la nostra vita, così come i nostri movimenti in questa zona del nostro corpo.

Quarto esercizio
1.4 Espandere il torace "kai kou xiong hui"

Sovrapporre le mani davanti al corpo, la mano destra è sotto a quella sinistra; sollevare le braccia portandole fino a sopra la testa seguendole con lo sguardo. Giunte sopra la testa, le braccia si separeranno per essere abbassate nuovamente, l'attenzione viene portata al dito medio della mano come punto di massima espansione del movimento. Scendendo lateralmente, quando le braccia saranno in linea con le spalle ruoteranno con i palmi verso terra facendo perno sull'articolazione della spalla. Si ripeterà l'esercizio, seguendo con lo sguardo una volta da una parte e una volta dall'altra, per quattro volte in totale, alternando la posizione delle mani nel movimento di partenza. Questo esercizio rinforza le spalle, il dorso, il collo, i pettorali e i muscoli interni delle braccia.

Azione energetica principale. Anche in questo esercizio, come in tutta la prima serie, si avrà un'importante azione sulla parte superiore del corpo, le braccia, la testa e le spalle. L'intenzione viene portata dalle mani sovrapposte all'inizio dell'esercizio alle braccia che salgono verso l'alto; in questo movimento di salita possiamo sentire un lavoro anche sulla parte toracica e addominale, in modo particolare sul canale Vaso Concezione che rappresenta simbolicamente la "madre di noi stessi", la nostra capacità di prenderci carico amorevolmente di noi. Lateralmente a questo canale mediano troviamo il canale di Rene e di Stomaco; qualche volta, durante questo esercizio, potremmo avere una strana sensazione allo stomaco, come dei brontolii o la sensazione di aver finalmente digerito. Come potete leggere e sperimentare, l'azione energetica di un movimento va a stimolare differenti aspetti energetici del tutto inaspettati.

Quinto esercizio
1.5 Sbattere le ali "zhang chi fei xian"

Portare le mani dietro la schiena con i dorsi a contatto, le braccia si alzano piegando i gomiti più in alto delle spalle mentre si inspira; l'idea è quella di disegnare un cerchio con i gomiti. Portare poi lentamente i gomiti, l'avambraccio e le mani verso il basso, espirando. La testa guarderà a sinistra nel primo movimento e a destra nel secondo e così per un totale di quattro volte. Questo esercizio è molto utile per sciogliere le tensioni delle spalle, che durante l'esercizio devono essere mantenute morbide.

Azione energetica principale. In questo esercizio è presente anche un automassaggio. Le mani che si poggiano sulla zona dorsale con i dorsi a contatto della schiena effettuano un massaggio verso l'alto, andando a stimolare tutta la zona toccata fino a passare sotto le ascelle. Il tocco è molto importante in quanto ci permette di prendere coscienza del nostro corpo e immettere una nuova informazione di consapevolezza del corpo attraverso il contatto. L'automassaggio nel Qi Gong è una pratica molto comune, serve a rimuovere le stasi energetiche, a seconda del tipo di pressione può essere tonificante, disperdente oppure equilibrante. In questo esercizio le mani eserciteranno una pressione media per andare a riequilibrare. Quando le mani saliranno, inspireremo con l'intenzione di portare buona e nuova energia in questa zona. Quando le mani si troveranno nella parte anteriore del corpo, espireremo liberandoci di tutti i blocchi e le contratture. Se questo può esserci di aiuto a contattare il respiro, possiamo immaginare l'aria che inspiriamo chiara, luminosa e piena di buona e nuova energia.

Sesto esercizio
1.6 Sollevare pesantemente un braccio "ti pi dan ti"

La mano sinistra si porterà dietro la schiena con il dorso a contatto, si solleverà il braccio destro fino a sopra la testa, l'intenzione è portata sempre al dito medio come punto di massima espansione e allungamento dell'arto. Giunti con il braccio in alto, flettiamo bene la mano con il palmo rivolto verso il cielo, quando il braccio scenderà verso il basso si guarderà il dorso della mano seguendo il braccio con il movimento del capo. L'esercizio vedrà l'alternarsi delle braccia, man mano che le mani si poggeranno dietro la schiena si salirà un poco, una mano dopo l'altra di esercizio in esercizio. Ripetere l'esercizio alternando le braccia per un totale di quattro volte. Questo esercizio allevia i dolori del collo, delle spalle e della schiena.

Azione energetica principale. Anche in questo esercizio abbiamo il contatto delle mani con la schiena. Le mani poggiano con il dorso al centro della schiena percorrendo il Vaso Governatore nel suo senso di scorrimento verso l'alto, che va dal perineo verso la sommità del capo. Affinando un po' la tecnica, nel movimento di salita del braccio riusciremo contemporaneamente ad affondare il coccige verso il basso stirando bene tutti i canali della schiena per avere un effetto benefico sui Reni. Il braccio che sale si porta sopra la testa con il palmo ben rivolto verso il cielo. Al centro del palmo della mano c'è uno dei principali punti energetici del nostro corpo, il **Laogong** "Palazzo del lavoro" Pericardio

8: liberando questo punto dalle stasi energetiche, andremo a lavorare sul Cuore, ci sentiremo più calmi e centrati. Questo punto è inoltre un importante porta energetica di emissione e ricezione dell'energia.

5.3 Seconda serie: schiena e bacino

La seconda serie di questi esercizi si prende cura della schiena e del bacino. Ci sono buone probabilità che nella nostra vita prima o poi ci troveremo a scoprire il mal di schiena, per questo è buona cosa sostenere la colonna con esercizi appropriati. La schiena, nella Medicina Cinese, rappresenta la parte Yang del corpo, in quanto con la cassa toracica svolge un'azione di protezione nei confronti degli organi. La colonna vertebrale simboleggia la nostra verticalità dalla terra verso il cielo. Quando si è in buona salute la posizione eretta sarà quella che verrà mantenuta per la maggior parte della giornata, potremmo stare in piedi senza avvertire disturbi. Quando invece si è malati la posizione principale della giornata potrebbe essere quella coricata o seduta, in quanto a causa di stanchezza o dolore stare in piedi potrebbe essere difficoltoso. Possiamo quindi soffermarci a pensare quanto sentiamo il bisogno di sederci o di sdraiarci, possiamo prestare attenzione nel sentire quali sensazioni ci provoca la posizione eretta. La posizione ortostatica è la posizione per eccellenza che ci mette in contatto con le due forze creatrici: l'energia del Cielo e l'energia della Terra. Avere la consapevolezza di occupare questa posizione privilegiata tra le due grandi forze cosmiche ci permette di assorbire costantemente queste due potenti energie, al fine di riequilibrarci e mantenerci in buona salute. Per questo motivo è importante regolare la nostra postura verticale e porre attenzione al modo in cui ci muoviamo, in cui camminiamo; il nostro atteggiamento posturale è espressione della nostra energia nell'insieme di mente e corpo. Questi esercizi di semplice esecuzione saranno davvero molto preziosi per riuscire nel nostro intento.

Settimo esercizio
2.1 Sorreggere il cielo con le mani "shuang shou tuo tian"

Intrecciare le dita delle mani davanti all'addome portandole fino all'altezza del petto, dove ruotano verso il cielo sollevando le braccia sopra la testa. Portiamo tutto il peso sul piede destro, solleviamo il tallone sinistro e flettiamoci due volte sul fianco sinistro portando l'attenzione sul fianco che si apre, cioè il destro. Ritornare al centro del corpo e aprire le mani, quando arriveremo con le braccia all'altezza delle spalle ruotiamo dalla spalla tutto il braccio verso terra e scendere lungo i fianchi. Ripetere sul fianco destro, facendo attenzione a mantenere sempre la testa tra le braccia. Lo sguardo segue sempre le mani. Questo esercizio rinforza le spalle, articola le vertebre del collo, distende la muscolatura dei fianchi, delle braccia e del dorso.

Azione energetica principale. Questo esercizio lavora sull'apertura dei lati del corpo, svolgendo un lavoro di stiramento sul canale di Vescica biliare, che parte dall'estremità esterna dell'occhio, percorre la testa e, appunto, tutto il fianco con un moto a zig zag. La Vescica biliare ci aiuta a prendere le direzioni da seguire nella nostra vita. Sono coinvolti anche i meridiani Yin delle braccia, Cuore, Piccolo intestino, Pericardio, con una forte attivazione dei punti Lao Gong al centro dei palmi. Viene attivata l'energia dei reni attraverso la pressione sul punto 1 di Rene situato al centro dell'avampiede.

Ottavo esercizio
2.2 Ruotare il tronco e spingere il palmo in avanti "Zhuan yao tiu zhang"

Con le gambe alla larghezza delle spalle si portano i pugni sui fianchi, mantenendo il bacino fermo; utilizzando la rotazione del tronco la mano destra si porterà in avanti spingendo con il palmo e si eseguirà una torsione del busto nel senso opposto alla mano che spinge, guardando indietro. Riportare la mano a pugno sul fianco mentre il busto e la testa tornano frontali. Ripetere il movimento dall'altra parte alternando per quattro volte in totale. Scioglie la rigidità del bacino e della colonna, rinforza i muscoli del collo, le spalle e le braccia.

Azione energetica principale. In questo esercizio andremo a sollecitare Vaso cintura, un canale energetico che circonda la nostra vita in senso orizzontale. È in questa zona del corpo che spesso vengono messi in latenza i "non risolti" della nostra vita. In questo punto specifico della colonna vengono spesso a trovarsi protrusioni ed ernie discali, si raccomanda di essere delicati nel movimento e di non forzarlo. Lo stato della nostra colonna rappresenta il carico che ci prendiamo sulle spalle e molto spesso da questo carico ne rimaniamo schiacciati. Mobilizzare questa zona dal punto di vista energetico significa anche lasciar cadere i carichi eccessivi che ci siamo presi, prendendo quindi il giusto peso delle cose; con la pratica dell'esercizio ci accorgeremo che mentre i movimenti divengono più liberi e fluidi anche la nostra vita inizierà a scorrere più armoniosamente. I cinesi usano il detto "la vita dipende dalla vita!"

Per quanto riguarda le braccia, il movimento di apertura e chiusura delle mani attiva tutti i canali e in particolare i punti pozzo situati sulle estremità delle dita e il punto Lao Gong al centro del palmo.

Nono esercizio
2.3 Ruotare il bacino "Chia yao xuan zhuang"

Con la posizione di base e i piedi a larghezza delle spalle, poggiare le mani sui Reni mantenendo la testa ben aderente al cielo. I piedi sono ben radicati a terra. Si ruoterà il bacino quattro volte da sinistra verso destra e poi si ripeterà la rotazione nell'altra direzione per altre quattro volte. La testa deve rimanere ben verticale verso il cielo e il bacino compie una rotazione ampia in base alle proprie possibilità. Elimina le rigidità del bacino, articola le vertebre della zona lombo-sacrale e scioglie la zona lobare dalle tensioni. Questa è una zona delicata del corpo, dove spesso si verificano degli stati dolorosi; inizialmente è bene fare piccoli movimenti ricordando che non si deve mai sentire dolore.

Azione energetica principale. Anche in questo esercizio si andrà a lavorare nella zona della vita. Per la Medicina Cinese i Reni sono un organo molto importante in quanto a essi è collegata la nostra vitalità e le nostre aspettative di vita. Porre le mani sui reni è già di per sé atto di cura, possiamo immaginare di avere un sole in ogni mano e inviare la sensazione di caldo tepore ai reni, che secondo i dettami della Medicina Cinese vengono danneggiati dal freddo.

Il meridiano Dai Mai "vaso cintura" può essere collegato ai dolori lombari. Questo canale connette tutti gli opposti nel nostro corpo, lo Yin e lo Yang, l'alto e il basso, la sinistra e la destra e così via. Può essere quindi considerato il centro del nostro corpo. Sciogliere questa zona dalle tensioni significa permettere il movimento di Qi e Sangue e acquisire elasticità nella vita per portare allo scioglimento dei nostri conflitti interiori.

Decimo esercizio
2.4 Aprire le braccia in alto e piegare il busto avanti "zhan pi wa yao"

Divaricare le gambe al doppio della larghezza delle spalle mantenendo i piedi paralleli, incrociare le mani davanti all'addome e sollevarle verso il cielo. Anche in questo esercizio l'attenzione viene portata al dito medio delle mani come punto di massima estensione. Allargare le braccia fino alle spalle e flettere il busto in avanti parallelo alla terra, mantenendo le braccia distese. Rilassare il busto e le braccia portandole in basso. Ripetere per due volte. Nell'esercizio le gambe dovrebbero essere mantenute ben estese, in caso di disturbi alla schiena le gambe possono essere piegate leggermente. Da questa posizione, incrociare di nuovo le mani una davanti all'altra e, spingendo con il coccige, distendersi verso l'alto. Questo esercizio scioglie la rigidità del bacino e dei fianchi. Si rinforza la muscolatura della schiena intorno alle vertebre.

Azione energetica principale. Questo esercizio è molto completo e lavora sullo Yin Yang. Il corpo, in un primo momento, si apre completamente e poi si chiude con una flessione del busto per tornare in posizione Yang. Equilibrare lo Yin Yang significa sempre portare a un equilibrio, fisico, mentale ed emozionale. Inoltre, questo esercizio si rivela utile per rinforzare i Reni e lavorare sul canale di Vescica urinaria, che corre lungo tutta la schiena e la parte posteriore del corpo. Avete fatto caso come in quasi tutti gli esercizi l'energia del Rene sia chiamata in causa? Le ossa e il midollo per la Medicina Cinese sono sotto il dominio del Rene, per questo importantissimo motivo avere una buona energia del Rene significa mantenere una buona struttura ossea e articolare.

Undicesimo esercizio
2.5 Colpire con un palmo aperto nel passo dell'arco "gong bu cha zhang"

Con le gambe alla distanza del doppio delle spalle e i piedi paralleli, portare i pugni ai fianchi, ruotare a sinistra di 45 gradi il piede piegando il ginocchio perpendicolare al piede, distendere la gamba destra. Il braccio sinistro si porta con la palma aperta davanti al petto, il pugno destro è al fianco. Ruotando e protendendosi in avanti con la mano distesa, guardare dietro. Ritornare alla posizione di partenza ed eseguire alternativamente da un lato e dall'altro per un totale di quattro volte. Lo spostamento del peso avviene effettuando la rotazione di chiusura e di apertura sui talloni. Scioglie la rigidità del bacino e della schiena, rinforza le gambe.

Azione energetica principale. Questo esercizio lavora fortemente sul cambio di direzione andando a sollecitare la Vescica biliare e rinforzando la muscolatura delle gambe. Ha una buona azione energetica per Milza, che nell'ottica della Medicina Cinese dà la "forma" al corpo e tiene le cose al proprio posto. Avere quindi un corpo armonio significa avere un buon Qi di Milza. La Milza, ad esempio, si occupa di tenere il sangue nei vasi e impedisce i prolassi. Alle sue condizioni energetiche è legata la capacità funzionale al muscolo, la sua tonicità. Il Fegato fa sì che i tendini siano elastici e le articolazioni libere. Quando il Fegato è armonico, tutto il corpo ha una buona capacità di movimento. Questo esercizio stimola la pianta dei piedi, che secondo la riflessologia plantare porta benefici a tutti i distretti sollecitati.

Dodicesimo esercizio
2.6 Raggiungere i piedi con le mani "Shuang sho pang zu"

Con i piedi uniti intrecciare le mani davanti all'addome e in questa posizione portarle fino all'altezza del petto, per farle ruotare fin sopra la testa, rivolgendo i palmi al cielo. Mantenendo le mani intrecciate, flettere il busto in avanti verso terra toccando i piedi con le mani. Molte persone non riescono ad arrivare a toccarsi i piedi, non vi preoccupate, ci riuscirete con il tempo. Risalire lentamente srotolando la colonna vertebra dopo vertebra, affinando la capacità di percezione. Ripetere l'esercizio due volte. Elimina la rigidità del bacino e della colonna, rende elastici i muscoli delle gambe.

Azione energetica principale. Questo esercizio ha un'azione benefica sia sui canali Yin che quelli Yang. In particolare, parleremo del punto Ming Men, che si situa al centro dei Reni. Esso è considerato come il punto dove la Yuan Qi si attiva. Tutti gli organi hanno bisogno del calore di questo punto per mantenere la giusta funzionalità. In tutto il Qi Gong viene data molta importanza all'energia dei Reni perché sono alla base di una buona vitalità. Nella zona sotto l'ombelico è situato il Dantian, una zona energetica molto importante che possiamo immaginare come un motore energetico capace di attivare la trasformazione del jing nei tre Dantian superiori in Qi e poi in Shen. Ogni esercizio di Qi Gong svolge un'azione principale ma dobbiamo sempre tener presente che il riequilibrio energetico è globale. Durante l'esercizio possiamo portare l'attenzione sulla zona del basso addome e dei Reni per tonificare il Jing e accrescere la nostra vitalità.

5.4 Terza serie: anche e gambe

L'ultima serie di esercizi si prende cura delle nostre anche e delle nostre gambe. Simbolicamente, e non soltanto, le gambe ci danno la possibilità di scegliere, seguire e percorrere una direzione. Le nostre articolazioni ci danno la possibilità di muoverci nello spazio e di essere flessibili. È molto importante prenderci cura del nostro corpo, ricordando sempre che per la Medicina Cinese un dolore alle gambe può originare sia da un fattore patogeno esterno, come ad esempio vento, umidità o freddo, sia da un patogeno interno, legato quindi alle emozioni. Le gambe e i piedi rappresentano la parte più Yin del corpo, la parte più bassa e quindi più vicina alla terra. Nella pratica delle arti psico-corporee cinesi viene data molta importanza alle capacità di radicamento del corpo, inteso come stabilità e capacità di prendere in nutrimento dal Qi terrestre. Una visualizzazione molto usata è proprio quella di far uscire delle grandi e profonde radici dal centro del piede, dal punto Rene 1 Yongquan "La fonte zampillante". Il popolo cinese ha un tipo di approccio molto pratico, tutto passa attraverso il corpo, la materia, lo Yin. Dobbiamo fare un piccolo sforzo in questo senso, per noi occidentali il corpo è sempre stato vissuto culturalmente come qualcosa di inferiore allo spirito, come una sorta di contenitore dell'anima. Per il pensiero cinese, non esiste questo dualismo, l'esperienza passa attraverso il corpo ed è attraverso il corpo che si corregge l'energia interna, lo spirito.

Tredicesimo esercizio
3.1 Ruotare le ginocchia a sinistra e a destra "zuo you zhuang xi"

L'esercizio si esegue con i piedi uniti, però in caso di problemi di equilibrio i piedi possono essere leggermente distanziati. Piegare le ginocchia e ruotare lentamente da sinistra a destra per quattro volte. È importante che i piedi non si sollevino mai da terra, un errore molto comune tra i principianti è quello di sollevare i talloni per agevolare il movimento. In questo esercizio dovremmo cercare di aumentare le nostre capacità di radicamento, se occorre anche artigliando le dita dei piedi. La rotazione delle ginocchia dovrà essere ampia e a ogni rotazione; ritornando in posizione centrale si distenderanno le gambe. Ripetere la rotazione per altre quattro volte da destra verso sinistra. Questo esercizio elimina la rigidità delle ginocchia e rinforza le caviglie.

Azione energetica principale. Questo esercizio permette la libera circolazione di Qi e Sangue alle ginocchia. I canali energetici delle gambe vengono stimolati in maniera totalitaria. Questo esercizio è in grado di tonificare il Qi renale, di sostenere l'energia di Milza e promuovere lo scorrimento del Qi di Fegato.

Quattordicesimo esercizio
3.2 Ruotare la colonna in posizione di gamba scivolata "pu bu zhuang ti"

Divaricare le gambe al doppio delle spalle, le mani si poggiano sui fianchi. Il piede sinistro si posiziona a 45 gradi, piegare il ginocchio sinistro mentre la gamba destra è distesa, ruotare il tronco verso la gamba tesa mantenendo la colonna in posizione verticale. È possibile allenare l'esercizio partendo da una posizione alta, per arrivare via via a scendere in una posizione più bassa con il miglioramento della pratica. Questo esercizio scioglie la rigidità del bacino e delle anche, fortificando le gambe, in particolare le cosce. Ripetere per quattro volte alternando le direzioni.

Azione energetica principale. Questo esercizio è di grande tonificazione per le gambe, stimola la funzione di Milza e di Fegato. Anche il bacino viene coinvolto come mediatore con la parte superiore del corpo, allineando lo Yin e lo Yang. La posizione che assumeranno le nostre anche sarà fondamentale per liberare lo scorrimento energetico tra la parte inferiore del corpo e quella superiore. Il bacino deve mantenersi parallelo al terreno, in modo di fornire un buon appoggio alla colonna e agevolare la circolazione di vaso Concezione e Vaso Governatore che circondano la colonna vertebrale. È possibile portare l'attenzione al Dan Tian di base conducendovi con l'intenzione, l'energia e il respiro per tonificare il Jing.

Quindicesimo esercizio
3.3 Flettere le ginocchia e distendere le gambe "fu dun shen tui"

Piegarsi sulle ginocchia appoggiandoci i palmi delle mani. Portare le mani a terra e distendere le gambe. Risalire con il busto fino a raggiungere la posizione verticale; è possibile poggiare le mani sulle ginocchia per sostenersi nel movimento di risalita. È importante riuscire a sedersi sulle ginocchia. Ripetere l'esercizio per due volte. Questo esercizio aiuta a sciogliere la rigidità di fianchi, ginocchia, caviglie; distende i muscoli posteriori delle gambe e i nervi sciatici.

Principale azione energetica. In questo esercizio sono fortemente stimolati i canali delle gambe, moltissimo quello di Vescica urinaria, che oltre a percorrere le gambe nella parte finale del suo percorso coinvolge la testa e tutta la schiena. Sono stimolati i Reni in tonificazione. Ricordiamo che il Qi del Rene non deve mai essere disperso, ma sempre tonificato in quanto l'energia del Rene è destinata fisiologicamente a esaurirsi. Questo esercizio aiuta a trovare radicamento e nutre lo Yin. Può rivelarsi utile alle persone che hanno necessità di dare concretezza alle proprie azioni.

Sedicesimo esercizio
3.4 Piegarsi e allungarsi nella posizione di cavallo "fu xi tuo zhang"

Alla larghezza doppia delle spalle, portare la mano destra sul ginocchio sinistro flettendo le ginocchia, sollevare la mano sinistra sopra la testa. Quando la mano sale verso l'alto gli occhi, e anche la testa, ne seguono il movimento; bisogna fare però attenzione a non portare troppo la testa all'indietro, schiacciando le vertebre cervicali. Piegare il busto in avanti e distendere le gambe poggiando la mano sul ginocchio. È importante che quando si è seduti in posizione di cavallo la schiena si mostri ben allineata, con il coccige affondato verso il basso. Il braccio che viene portato in alto deve mantenersi in linea con la spalla senza andare troppo indietro o in avanti. Nella chiusura dell'esercizio, entrambe le braccia sono rilasciate e le mani toccano terra, ci si siede in posizione di cavallo e, srotolando la colonna vertebra dopo vertebra, si torna in posizione verticale. L'esercizio viene ripetuto quattro volte, alternando le mani. I benefici di questo esercizio si riscontrano nell'elasticità del bacino, nelle fasce lombari e nella muscolatura interna delle cosce; anche le ginocchia vengono rinforzate.

Azione energetica principale. Con questo esercizio si muove Qi e Sangue, l'azione energetica coinvolge tutto il corpo. È un esercizio di riequilibrio Yin Yang, in quanto ci si allunga aprendo il corpo e ci si piega in modo Yin, come se tutto il corpo divenisse un mantice in grado di muovere il *Soffio* e alimentarlo. Questo esercizio, infatti molto completo, lo troviamo in chiusura di tutta la serie, quando le tensioni si sono già sciolte e l'energia messa in circolazione. Aumenta la capacità di radicamento, aiuta a concretizzare il pensiero in azione.

Diciassettesimo esercizio
3.5 Sollevare il ginocchio portandolo al petto "Xiong qing bao xi"

Fare un passo in avanti con il piede sinistro e contemporaneamente sollevare le braccia verso l'alto. Mentre le braccia si abbassano, la gamba destra sale con il ginocchio piegato verso il petto. Afferrare la gamba con le mani, portandone una al ginocchio e una alla caviglia. Distendere la colonna affondando il coccige. Sollevare le braccia in alto e arretrare la gamba destra riportando indietro il peso del corpo. Ritornare nella posizione iniziale e ripetere l'esercizio. Questo esercizio si mostra molto utile nell'equilibrio, rafforza le gambe e aumenta la flessibilità delle ginocchia. Lavorano anche i glutei e la fascia lombare. Ripetere due volte sollevando la gamba destra e poi la gamba sinistra.

Azione energetica principale. Questo esercizio molto completo è in grado di agire straordinariamente sull'equilibrio. Un equilibrio fisico è ben collegato a un equilibrio interiore. L'esercizio richiede di portare tutto il peso su un'unica gamba, dobbiamo collegarci alle nostre radici, immaginarci ben saldi alla terra, stabili. In questo esercizio abbiamo una fase Yang di apertura del corpo, con le braccia in alto, e una fase Yin di chiusura, quando il ginocchio viene portato al petto. In questo esercizio abbiamo l'attenzione sul primo punto di Rene Yongquan, al centro dell'avampiede: è da questo punto che possiamo immaginare di avere una grande radice che ci tiene ben saldi al terreno, mentre l'altra gamba è sollevata. Il massaggio di questo punto o l'attivazione di esso con l'intenzione ha davvero moltissimi benefici, dal calmare gli stati di agitazione al calmare il dolore del mal di schiena. Quando la gamba viene portata al petto è importante distendere bene la schiena in modo di liberare le stasi di Qi dalla schiena mantenendo una posizione morbida. È importante respirare senza generare apnee prolungate, permettendo al respiro di condurre il Qi in ogni distretto.

Diciottesimo esercizio
3.6 Il passo dell'eroe "xiong guang man bu"

Tra tutti gli esercizi, questo è quello che richiede un maggiore controllo del corpo. Con i piedi uniti, portare le mani ai fianchi, aprire a 45 gradi il piede sinistro e avanzare di un passo con il piede destro, facendo attenzione a non portare i piedi uno davanti all'altro, posizionandoli distanziati tra loro. Il passo viene fatto di tallone, per poi spostare il peso sull'avampiede sollevando il tallone della gamba sinistra per trasferire il peso in avanti e protendere la parte più alta della testa verso il cielo (punto "Baihui" Vaso governatore 20). Arretrare con il peso tornando indietro. Il piede destro solleva la punta, ruotiamo il corpo sul tallone destro portando l'apertura del piede a 45 gradi, avanzare con il piede sinistro. Di nuovo sollevare il tallone destro verso il cielo, trasferendo il peso del corpo in avanti e aderendo bene con la sommità del capo verso il cielo. Richiamare il piede destro arretrandolo, trasferire il peso indietro, sollevare la punta del piede destro e richiamare il piede per ritornare nella posizione iniziale. Ripetere con l'altro piede. Questo esercizio scioglie la rigidità di gambe e ginocchia, distende la rigidità dei fianchi.

Azione energetica principale. Cosa alla quale noi occidentali non siamo abituati a fare è portare l'attenzione al nome, al modo di chiamare le cose. Questo esercizio denominato il "Passo dell'eroe" porta sia l'informazione del cammino, dello spostarsi nello spazio, ma anche quello di una condizione di valore morale, di virtù e di coraggio. In tutto l'esercizio, il punto Baihui Vaso Governatore 20, che si trova sulla sommità del capo, deve essere ben allineato verso il cielo; possiamo aiutarci facendo rientrare leggermente il mento. Questo punto rappresenta l'apice dello Yang, essendo il punto più alto del corpo e il punto dove convergono tutti i canali Yang. Portare l'attenzione su questo punto significa dare spazio alle facoltà mentali, allo Shen. I taoisti chiamavano questo punto "Porta del Cielo" in quanto anche l'anima celeste, per incarnarsi, entrava da questo punto. Questo esercizio si trova alla fine di un percorso energetico in cui, grazie alla pratica del Qi Gong, siamo riusciti a liberare i blocchi del nostro corpo, ma nello stesso tempo a percorrere un cammino psico-emozionale secondo i dettami della Medicina Cinese. Il Qi Gong è un'arte in grado di armonizzare Corpo, Respiro e Mente come unico essere. La causa principale di malattia avviene perché le persone nel proprio cammino perdono questa unità.

5.5 Esercizi taoisti della salute e Taiji Quan

I diciotto esercizi taoisti della salute vengono generalmente esercitati in ambito marziale dai praticanti di Taiji Quan, soprattutto di stile Yang. In questi esercizi, infatti, sono racchiusi alcuni principi utili all'allenamento delle posizioni in quanto ne ricalcano i principi del movimento del corpo. Questi esercizi sono a metà tra il Qi Gong di tipo medico e quello di tipo marziale.

Il Qi Gong è alla base del lavoro energetico, la sua pratica diviene elemento indispensabile a tutti i praticanti di arti marziali. Quando i buoni precetti che dovrebbero regolare la nostra vita non vengono rispettati e non si pratica il Qi Gong, la nostra energia interna perde il suo equilibrio. A questo punto si iniziano a manifestare i sintomi di disarmonia che possiamo leggere come il dolore a ossa e muscoli o altri tipi di problemi portati dalla poca attenzione del prenderci cura di noi stessi.

Praticare assiduamente il Qi Gong mantiene l'ottimale scorrimento energetico. Fortificando il nostro Qi si fortifica e si rasserena anche la nostra mente. Il praticante di arti marziali ha necessità di avere una sufficiente quantità di buona energia per riuscire nel proprio allenamento senza depauperare le proprie forze e a questo proposito i marzialisti più esperti sanno che nell'arte marziale si esprime anche il sapere della Medicina Cinese. È per questo motivo che gli esercizi di Qi Gong sono sempre svolti prima di iniziare l'allenamento dell'arte marziale in tutto il Wushu Kung Fu.

Tuttavia, il Taiji Quan di stile Yang attualmente è famoso non tanto per i suoi aspetti marziali, ma per i suoi effetti benefici sulla salute. La Forma 24 Pechino è stata ideata dall'unione di quattro grandi maestri nel 1956, grazie al Comitato dello Sport della Repubblica Popolare Cinese. La Forma 24 è stata ideata per agevolare la pratica delle masse e mantenere la salute attraverso l'esercizio fisico. Questa forma facilitata mantiene i principi di base del

Taiji Quan in modo di favorire successivamente l'apprendimento delle forme più complesse. Si può quindi dire in questo caso che anche il Taiji Quan possa essere praticato come una forma Qi Gong, in quanto la sua attenzione è rivolta agli effetti benefici sulla salute. Non bisogna, però, farsi trarre in inganno dall'apparente semplicità dei movimenti: semplice non significa facile. Il Qi Gong e il Taiji Quan sono arti raffinate e possono essere apprese unicamente attraverso la guida di un insegnate esperto, che abbia praticato esso per primo lungamente queste discipline sotto la guida di un Maestro e che non abbia mai smesso di studiare.

Le discipline psico-corporee cinesi hanno come obiettivo il continuo miglioramento di se stessi. Non esiste un punto di arrivo; quando ci sentiamo arrivati da qualche parte significa che la nostra capacità di miglioramento e di crescita si è fermata. Nel cammino possono esserci momenti di alto e di basso profitto, ma questo fa parte della vita che è un continuo alternarsi dello Yin e dello Yang. Un detto cinese dice "non importa quanto velocemente procedi, l'importante è che non ti fermi!".

La Forma 24 Pechino è la forma di Taiji Quan più conosciuta e più praticata al mondo, la sua esecuzione completa richiede un tempo che va mediamente dai quattro ai sei minuti e si esegue in una sequenza di 24 posizioni del Taiji Quan. L'intenzione dei movimenti è volta all'arte marziale. Taiji Quan si traduce come "pugno della suprema polarità". Il termine pugno simboleggia l'arte marziale, mentre per suprema polarità si riferisce al simbolo cardine del taoismo, il "taiji tu", del quale abbiamo parlato all'inizio del libro. Il Taiji Quan appartiene agli stili interni del Wu Shu-Kung Fu. Questi stili prediligono maggiormente l'uso della muscolatura profonda del corpo, in modo da poter sviluppare un diverso uso della forza. Questa arte è praticabile anche dai più piccoli e mingherlini, in quanto i suoi principi si basano sullo sfruttare la forza dell'avversario per volgerla a proprio vantaggio. Oltre alla forma a mani nude, esistono anche forme con le armi, come ad esempio la spada, la sciabola, la lancia e il bastone. Il Taiji Quan prevede anche degli esercizi in coppia chiamati Tui Shou, "spinta con le mani", che servono ad affinare l'ascolto dell'altro. Se riuscissimo a praticare ogni giorno l'intera sequenza dei 18 esercizi taoisti della salute e la Forma 24 potremmo davvero assicurarci grandi e innumerevoli benefici che ci accompagneranno per tutta la vita. Il consiglio dei Maestri è praticare poco ogni giorno e farlo bene. Se si dispone di mezz'ora ogni giorno praticheremo per trenta minuti, se si dispone di dieci minuti praticheremo per i minuti disponibili, se non ci sarà possibile trovare un luogo o del tempo potremmo farlo con la mente e qualche respiro. Riuscire a dedicare una mezz'ora al giorno per la pratica personale diventerà la nostra isola di pace, dove ricaricare le batterie e tornare alla vita quotidiana rigenerati. Il Qi Gong e il Taiji Quan vengono spesso indicati come vie ascetiche, e questo potrebbe anche essere corretto, ma per la maggior parte di noi il grande sostegno sarà quello di riuscire a volgere al meglio ogni situazione della vita quotidiana. Queste arti, capaci di fortificare il corpo, hanno una grande azione sulla psiche e sulla modalità di affrontare le avversità della vita quotidiana: non sarà la vita a cambiare, ma il nostro modo di affrontarla.

Se sei interessato a sapere di più sul pensiero filosofico di base della medicina cinese, sul Taiji Quan e sul Qi Gong, potrai trovare le informazioni di base nel mio libro "Pillole di Lunga Vita. Guida introduttiva al Qi gong e al Taiji Quan", che con brevi articoli ti potrà fornire una panoramica completa sulla Terra di Mezzo.

Un ultimo consiglio! Quando inizi la tua pratica personale, per trovare il tuo centro inizia con un'espirazione, lascia uscire tutto il respiro vecchio per dar spazio al nuovo. È così che inizia la trasformazione.

I diciotto esercizi taoisti della salute "Lian gong shi ba fa" sono una tecnica di Qi Gong tra le più conosciute e praticate al mondo. La grande virtù di questi esercizi è quella di essere di semplice esecuzione e adatti a tutte le età. Questi esercizi sono di grande beneficio per l'apparato locomotore (muscoli, tendini, ossa e articolazioni) aiutando a migliorare e risolvere molti comuni disturbi. Oltre a portare benefici al corpo, aiutano a entrare in uno stato di rilassamento e mente quieta. Ogni esercizio è illustrato da una sequenza fotografica dettagliata, la spiegazione dei movimenti è corredata anche dalla loro azione energetica secondo i precetti della medicina cinese.

Daniela De Girolamo si occupa dell'insegnamento e della divulgazione del Qi Gong, del Taiji Quan, della meditazione buddista e taoista e della Medicina Cinese. È presidente dell'associazione "Meihua il vento sopra il lago" che si pone come obiettivo il raggiungimento del benessere psico-fisico delle persone attraverso uno stile di vita sano ed etico. È autrice del libro "Pillole di lunga vita. Guida introduttiva al Qi Gong e al Taiji Quan".

Bibliografia

Arena L.V., *I 36 stratagemmi*, Bur, Milano, 2006.

Barsotti N., Bottaccioli F., Chiera M., Lanaro D., *La Pnei e il sistema miofasciale: la struttura che connette*, Edra, Milano, 2017.

Barsotti N., Bottaccioli F., Chiera M., Lanaro D., *La Pnei e le discipline corporee*, Edra, Milano, 2018.

Bianchi M., *Tai Chi per bambini*, Red Edizioni, Milano, 2010.

Boschi G., *Medicina cinese: la radice e i fiori*, Casa Editrice Ambrosiana, Milano, 2003.

Bottalo F., *Il cammino dell'anima in medicina cinese*, Xenia, Pavia, 2013.

Bottalo F., Brotzu, R., *Fondamenti di medicina tradizionale cinese*, Xenia, Pavia, 2014.

Capra F., *Il tao della fisica*, Adelphi, Milano, 1982.

Ch'En C. P., *Trattato di alchimia e fisiologia taoista*, Edizioni Mediterranee, Roma, 1981.

Cheng M. C., *Tredici saggi sul t'ai chi ch'uan*, Feltrinelli, Milano, 2006.

Cohen K. S., *L'arte e la scienza del qi gong*, Erga Edizioni, Genova, 2006.

Connelly D. M., *Agopuntura tradizionale. La legge dei cinque elementi*, Il Castello, Milano, 2000.

Despeux C., *Le immortali dell'antica Cina. Taoismo e alchimia femminile*, Ubaldini, Roma, 1991.

Despeux, C., *Taiji Quan. Tecnica di lunga vita*, Edizioni Mediterranee, Roma, 2007.

Despeux C., *Il Qi Gong di Zhou Lujing*, Edizioni Mediterranee, Roma, 2014.

Erede C. B., *Massaggio zonale della mano*, Red Edizioni, Milano, 2003.

Fusco S., *L'arte della guerra Sun Zu*, Edizioni Mediterranee, Roma, 2012.

Gulì A., *Le acque lunari*, Casa Editrice Ambrosiana, Milano, 2005.

Hempen C. H., *Atlante di agopuntura*, Hoepli, Milano, 1999.

Henepola G., *La pratica della consapevolezza*, Ubaldini, Roma, 1995.

Hirschi G., *Il potere dei mudra*, Il punto di incontro, Vicenza, 2017.

Hung Y. M., *Lo spirito libero*, Edizioni Mediterranee, Roma, 2013.

Hwa J. T., *Il tao del tai chi chuan*, Ubaldini, Roma, 1986.

Krasensky J. P., *La meditazione taoista ch'an*, Edizioni Mediterranee, Roma, 2014.

La Bella V., *Qi Gong. Dalle lezioni del Maestro di Qi Gong Li Xiao Ming*, Calosci, Cortona, 1990.

Liu D., *Tai chi chuan e meditazione*, Ubaldini, Roma, 1988.

Li X. M., *Metodo pratico di autoelevazione col Qi Gong tradizionale cinese*, Erga Edizioni, Genova, 2008.

Lorini W., *Esercizi di T'ai chi ch'uan*, De Vecchi, Firenze, 2010.

Lu T., *Il mistero del fiore d'oro*, Edizioni Mediterranee, Roma, 2007.

Mandra M., *Il qi gong. Le antiche e semplici pratiche cinesi per aumentare salute, energia, longevità*, De Vecchi, Milano, 1996.

Mantak C., Tao yoga fusione dei cinque elementi, Mediterranee, Roma, 2013

Marino V., Testa R., *Zhineng Qigong. Manuale completo di teoria e pratica di Qi Gong*, Nuova Ipsa, Palermo, 2014.

Melloni C., *Introduzione al qi gong*, Edizioni Dao Tong, Roma, 2014.

Michaud R. S., *La Cina in uno specchio*, L'ippocampo, Milano, 2009.

Moiraghi C., *Tai ji quan. La forma lunga e la forma breve*, Armenia, Milano, 1995.

Moiraghi C., *Tecniche corporee in medicina tradizionale cinese*, Jaca Book, Milano, 1996.

Moiraghi C., *Qi Gong*, Fabbri Editori, Milano, 2002.

Moiraghi C., *La via della forza interiore*, Jaca Book, Milano, 2003.

Moiraghi C., *Il libro della medicina cinese*, Fabbri Editori, Milano, 2004.

Moiraghi C., *Tao Te Ching*, Tecniche Nuove, Milano, 2005.

Moiraghi C., *Rallentare*, Tecniche Nuove, Milano, 2007.

Moiraghi C., *La pratica della vera medicina cinese*, Jaca Book, Milano, 2011.

Pedone M., Vaglio M., *La casa che vorrei*, Hermes Edizioni, Roma, 2020.

Pippa L., Filosa C., Chen P., Crepaldi R., Sotte L., *Taijiquan stile Chen Xiaojia e Qigong*, Casa Editrice Ambrosiana, Milano, 2011.

Puini, C., *Il taoismo*, Libritalia, 1997.

Rochat De La Vallée E., *La medicina cinese*, Jaka Book, Milano, 2008.

Rossi E., *Pediatria in medicina cinese*, Casa Editrice Ambrosiana, Milano, 2014.

Rubrianti L., *Il mistero nelle onde del respiro*, Ri-Stampa Edizioni, Rimini, 2018.

Schatz J., Larre C., Rochat De La Vallée E., *Elementi di medicina tradizionale cinese*, Jaca Book, Milano, 1998.

Sotte L., Pippa L., Ferrero D., *Ginnastica medica cinese*, Red Edizioni, Milano, 2000.

Sun J., *Wudang Chickung*, Edizioni Mediterranee, Roma, 2002.

Trezza D., Quartararo L., Carloni A., *I metodi della scienza del Zhineng Qigong del dr. Pang Ming*, Self Publishing, 2018.

Tzu L., *La regola celeste. Il libro del tao*, Bur, Milano, 2004.

Tzu L., *La naturalezza*, Mondadori, Milano, 2007.

Vanni L., *Gli otto pezzi di broccato*, Self Publishing, 2017.

Vanni L., *Medicina Tradizionale Cinese*, Self Publishing, 2018.

Vanni L., *Come puoi trarre beneficio dalla moxibustione anche se non sei un esperto di medicina cinese*, Self Publishing, 2018.

Vanni L., *Meditazione degli organi*, Self Publishing, 2018.

Vanni L., *Piccola guida all'osservazione della lingua secondo i principi della medicina cinese*, Self Publishing, 2019.

Vanni L., *L'energia vitale. Le sue espressioni e le sue trasformazioni*, Self Publishing, 2019.

Vanni L., *L'autunno in medicina cinese*, Self Publishing, 2019.

Vanni L., *La testa*, Self Publishing, 2020.

Vanni L., *Emozioni in medicina cinese*, Self Publishing, 2020.

Vanni L., *Il meridiano del polmone in breve*, Self Publishing, 2020.

Veith I. (a cura di), *Testo classico di medicina interna dell'imperatore giallo. Huang Ti Nei Ching Su Wen*, Edizioni Mediterranee, Roma, 2006.

Wagner F., *Digitopressione per curare i disturbi e per acquisire nuove energie e nuovi equilibri*, L'Airone, Roma, 2005.

Wilhelm R. (a cura di), *I King. Il libro dei mutamenti*, Astrolabio Ubaldini, Roma, 2005.

Woo A., *I Ching*, Edicart, Legnano, 1999.

Wong E., *Classico della purezza e della quiete*, Edizioni Mediterranee, Roma, 2006.

Yang J. M., *Stop al mal di schiena con il Qi Gong*, Edizioni Mediterranee, Roma, 2006.

Zhao X., Kinoshita K., *L'energia vitale della donna*, Mondadori, Milano, 2007.

Indice

Made in the USA
Monee, IL
04 February 2022

90607124R00063